Tucholsky Wagner Zola Scott Sydow Freud Schlegel
Turgenev Fonatne
Wallace Walther von der Vogelweide Fouqué Friedrich II. von Preußen
Twain Weber Freiligrath Frey
Fechner Fichte Weiße Rose von Fallersleben Kant Ernst Frommel
Richthofen
Engels Fielding Hölderlin
Fehrs Faber Flaubert Eichendorff Tacitus Dumas
Maximilian I. von Habsburg Fock Eliasberg Ebner Eschenbach
Feuerbach Ewald Eliot Zweig Vergil
Goethe Elisabeth von Österreich London
Mendelssohn Balzac Shakespeare Dostojewski Ganghofer
Trackl Lichtenberg Rathenau Doyle Gjellerup
Mommsen Stevenson Hambruch
Thoma Tolstoi Lenz Hanrieder Droste-Hülshoff
Dach Verne von Arnim Hägele Hauff Humboldt
Karrillon Reuter Rousseau Hagen Hauptmann Gautier
Garschin
Damaschke Defoe Hebbel Baudelaire
Descartes Hegel Kussmaul Herder
Wolfram von Eschenbach Dickens Schopenhauer Rilke George
Darwin Melville Grimm Jerome
Bronner Campe Horváth Aristoteles Bebel Proust
Bismarck Vigny Barlach Voltaire Federer Herodot
Gengenbach Heine
Storm Casanova Tersteegen Grillparzer Georgy
Chamberlain Lessing Langbein Gilm Gryphius
Brentano Lafontaine
Strachwitz Claudius Schiller Kralik Iffland Sokrates
Bellamy Schilling
Katharina II. von Rußland Gerstäcker Raabe Gibbon Tschechow
Löns Hesse Hoffmann Gogol Wilde Vulpius
Luther Heym Hofmannsthal Gleim
Roth Klee Hölty Morgenstern
Heyse Klopstock Kleist Goedicke
Luxemburg Puschkin Homer
Machiavelli La Roche Horaz Mörike Musil
Navarra Aurel Musset Kierkegaard Kraft Kraus
Nestroy Marie de France Lamprecht Kind Kirchhoff Hugo Moltke
Laotse Ipsen Liebknecht
Nietzsche Nansen Ringelnatz
Marx Lassalle Gorki Klett Leibniz
von Ossietzky May vom Stein Lawrence Irving
Petalozzi Knigge
Platon Pückler Michelangelo Kafka
Sachs Poe Liebermann Kock
de Sade Praetorius Mistral Zetkin Korolenko

Der Verlag tredition aus Hamburg veröffentlicht in der Reihe **TREDITION CLASSICS** Werke aus mehr als zwei Jahrtausenden. Diese waren zu einem Großteil vergriffen oder nur noch antiquarisch erhältlich.

Symbolfigur für **TREDITION CLASSICS** ist Johannes Gutenberg (1400 — 1468), der Erfinder des Buchdrucks mit Metalllettern und der Druckerpresse.

Mit der Buchreihe **TREDITION CLASSICS** verfolgt tredition das Ziel, tausende Klassiker der Weltliteratur verschiedener Sprachen wieder als gedruckte Bücher aufzulegen – und das weltweit!

Die Buchreihe dient zur Bewahrung der Literatur und Förderung der Kultur. Sie trägt so dazu bei, dass viele tausend Werke nicht in Vergessenheit geraten.

Die Grazien

Ein Gedicht in sechs Bänden

Christoph Martin Wieland

Impressum

Autor: Christoph Martin Wieland
Umschlagkonzept: toepferschumann, Berlin

Verlag: tredition GmbH, Hamburg
ISBN: 978-3-8424-9441-1
Printed in Germany

THE GRAZIEN

An Danae

Geschrieben im Jahre 1769

Ich weiß nicht, woher Sie es nehmen, schöne *Danae*, daß ich mehr von den Grazien wissen müsse als ein andrer: genug, Sie wollen es so, und Sie bedienen sich eines meiner eigenen Grundsätze, um alle die Bedenklichkeiten zu vernichten, die ich mir darüber machen könnte, Ihnen, die mit allen Ihren Vortrefflichkeiten doch nur eine Sterbliche sind, die Geheimnisse meiner geliebten Göttinnen zu verraten.

»Der *poetische Himmel* (sagen Sie) hat, wenn ich Ihnen selbst glauben darf, ganz andere Gesetze des *Wohlanständigen*, als diejenigen, wornach *menschliche* Sitten und Handlungen beurteilt werden. Die Göttin der Liebe hat keine Ursache zu erröten, daß sie den *Adon* zum Glücklichsten unter den Sterblichen gemacht hat. Gesetzt also auch, Sie wüßten von ihren *Grazien* mehr, als eine *Sterbliche* gern von sich wissen ließe, so würd es doch keine Unbescheidenheit sein –«

Verzeihen Sie mir, Danae! Warum sollten die *Grazien* nicht eben so wohl ihre *Mysterien* haben, als *Isis* und *Ceres*? Und sollt es einem Dichter zu verdenken sein, wenn er zu gewissenhaft wäre, die Geheimnisse der liebenswürdigsten Göttinnen vor *profanen* Augen aufzudecken?

Doch, dies ist hier der Fall nicht! Vor *Ihnen*, schöne *Danae*, können die *Grazien* keine Geheimnisse haben wollen; oder welche Sterbliche dürfte sich Hoffnung machen zu selbigen zugelassen zu werden, wenn diejenige nicht dazu berechtigt wäre,

> Die, mit dem Gürtel der Venus geschmückt,
> Die Seelen fesselt, die Augen entzückt?

Nein, *Danae*! wenn Ihrem Verlangen nicht genug geschieht, so muß es bloß daher kommen, weil ich mit diesen reizenden Gespielen Amors und der Musen nicht so vertraut bin, als es Ihnen beliebt vorauszusetzen.

In ganzem Ernst, ich besorge, es ist mehr als Bescheidenheit in diesem Geständnisse. Warum, ich bitte Sie, warum wenden Sie sich nicht an einen Dichter, von welchem Sie stärkere Beweise haben, daß ihm die *Grazien* hold sind? – Sie denken doch nicht, daß ich den Kardinal von *Bernis* meine? Nein! dem Abbé mocht es erlaubt sein, von ihnen zu singen; aber dem Bischof, dem Kardinal – »Wer weiß?« sagen Sie. »Er mag immer der feinste Konklavist, der geschmeidigste Hofmann, und ein Meister in der Kunst, die zwei großen Nebenbuhlerinnen um die Herrschaft der Welt mit einander zu vergleichen, sein: ich wollte doch nicht dafür stehen, was er tun würde, wenn ihn die *Grazien Homers*, die er als Abbé so schön besang, den *Grazien des heiligen Thomas* ungetreu machen wollten!«

Wie dem auch sein mag, genug, Sie wollen keine *Französischen* Grazien; sonst würd ich Ihnen den angenehmen Dichter vorschlagen, der *Zelis im Bade* so reizend gesungen, und die *Deutsche Selima* durch seine Nachahmung verschönert hat. Sie wollen die *Griechischen Grazien*, die Grazien, die den *Anakreon* singen, den *Xenophon* schreiben, den *Apelles* malen lehrten; *die Grazien*, denen *Platon* opferte, und die *sein Meister* geschnitzt hatte; *diese* wollen Sie besungen haben, und in unsrer Sprache!

Gut! und Sie wenden sich nicht an den Dichter der Grazien?

»Meinen Sie Gleim oder Jacobi?«

Ich danke Ihnen für diesen Zweifel, Danae; er vergütet das Unrecht, das ich einem von beiden getan hätte; ich, der stolz darauf ist, beide meine Freunde zu nennen, und es so gern der spätesten Nachwelt sagte, daß wenigstens drei Dichter in unsern Tagen gelebt haben, welche sich so liebten, wie die schwesterlichen Musen sich lieben; drei Dichter,

Die, von den Grazien selbst mit Schwesterarmen umschlungen,
Von gleicher Liebe der Musen beseelt,
Zur Dame ihrer Gedanken die freundliche Weisheit gewählt,
Die glücklicher macht und Witz mit Empfindung vermählt,
Und schönen Seelen, sich selbst, und bessern Zeiten gesungen.

In der Tat, Danae, ich habe Lust, Sie zu dem einen oder dem andern von meinen Freunden zu weisen, oder vielmehr an beide zugleich. *Amöbäische* Lieder von *Gleim* und *Jacobi*, und die *Grazien* der Inhalt! Was für Lieder würden das sein! Würdig, von *Philaiden* gesungen, und, von den seelenvollen Fingern einer D**n oder G**g auf dem melodischen Klavier begleitet zu werden.

Aber Sie wollen sich nicht abweisen lassen, *Danae*! Sie wollen zu keinem Wettstreit von poetischer Bescheidenheit Anlaß geben. »*Gleim* und *Jacobi*«, sagen Sie, »würden mich an den Vater der Musarion zurück weisen, und am Ende würde niemand dabei verlieren als ich.«

Wohl! Sie verdienen für Ihren Eigensinn durch – meinen Gehorsam bestraft zu werden; und auf der Stelle sollt es geschehen, wenn es nur auf einen muntern Entschluß ankäme. Aber die Geschichte der Grazien zu schreiben, setzt Offenbarungen voraus, die nur von ihnen selbst herrühren können. Und glauben Sie wohl, daß diese Göttinnen so fertig sind, einem jeden zu erscheinen, der ihnen ruft? Ich besorge sehr, daß sie manchem, der vertraulich genug von ihnen spricht, ganz unbekannte Gottheiten sind. Nichts ist freilich leichter als immer von *Pierinnen* und *Charitinnen* zu schwatzen, und auf allen Seiten *Musen* und *Busen* zusammen zu reimen. Das gibt einem doch die Miene, als ob man mit den Grazien, und den Musen, und den schönen Busen wenigstens so bekannt sei, als die Dichter, welche Günstlinge der ersten sind, und die Lieblinge der letzten zu sein verdienen. Aber ich wollte für mehr als Einen dieser guten Sänger schwören, daß die Muse, die ihn begeistert, mit ihren Grazien und mit ihrem Busen, weder mehr noch weniger als eine – *Trulla* oder *Maritorne* ist.

»Das mag sein«, sagen Sie: »aber man wird doch, ohne Ihrer Bescheidenheit Gewalt anzutun, voraussetzen dürfen, daß Sie von dieser Seite keine Vorwürfe zu besorgen haben?« –

Stille! schöne *Danae*! Sie sollen alles wissen, was mir *eingegeben* werden wird. Aber erst lassen Sie uns, als Platons echte Schüler, den Grazien opfern, ohne welche, und Amorn, und die lächelnde Venus, unser Vorhaben nicht vonstatten gehen kann.

Erstes Buch

Die Menschen, womit *Deukalion* und *Pyrrha* das alte *Gräcien* bevölkerten, waren anfänglich ein sehr rohes Völkchen; so, wie man es von Leuten erwarten mag, die aus Steinen Menschen geworden waren.

> Sie irrten, mit Fellen bedeckt, in dunkeln Eichenhainen,
> Der Mann mit der Keule bewehrt, das Weib mit ihren Kleinen
> Nach Affenweise behangen; und sank die Sonne, so blieb
> Ein jedes liegen, wohin der Zufall es trieb.

> Der Baum, der ihnen Schatten gab,
> Warf ihre Mahlzeit auch in ihren Schoß herab;
> Und war er hohl, so wurde bei Nacht
> Aus seinem Laub ihr Bett' in seine Höhle gemacht.

Ich weiß nicht, *Danae*, wie geneigt Sie sich fühlen, es dem Verfasser der *Neuen Heloise* zu glauben, daß dieses der selige Stand sei, den uns die Natur zugedacht habe. Aber, wenn wir alle die Übel zusammen rechnen, wovon diese Kinder der rohen Natur keinen Begriff hatten, so ist es unmöglich, ihnen wenigstens eine Art von negativer Glückseligkeit abzusprechen.

Und ein Dichter – was können wir Dichter nicht, wenn wir uns in den Kopf gesetzt haben, einen Gegenstand zu verschönern?

> Auch, hätte nicht der Maler und Poet
> Das Recht, ins Schönere zu malen,
> Wo bliebe die Magie des *schönen Idealen*,
> Das *Übermenschliche*, wovon die Werke strahlen,
> Vor denen still entzückt der ernste Kenner steht;
> Der *Reiz*, wozu die rohe Majestät
> Und Einfalt der Natur das Urbild nie gegeben,
> Die *Danaen*, die *Galatheen* und *Heben*?

Das heißt ein wenig ausgeschweift, schöne Freundin; denn ich wollte Ihnen nur sagen, das Original zum *goldnen Alter* der Poeten sei vielleicht nichts besseres gewesen, als der Stand solcher *Wilden*,

Die, ohne zu pflanzen, zu ackern, zu säen,
Mit Müßiggang sich, auf Kosten der Götter, begehen;

wie *Homer* von den alten Bewohnern des schönen Siciliens sagt.

Soll ich Ihnen eine Probe geben, wie ein Dichter diesen Stand verschönern würde?

Wo ist der Mann, der sich in seinem Stande
Zu wohl gefällt,
Um, wenigstens im Nachtgewande,
Sich nicht ganz leise zurück in eine Welt
Zu sehnen, wo Mutter Natur, wohltätig wie *Urgande*,
Die Beste der Feen, es auf sich selbst noch nahm,
Das Glück von ihren Kindern zu machen,
Und frei von Gesetzen, Bedürfnis und Gram,
Den Glücklichen, unter geselligem Lachen,
Beim ewigen Fest, in Lauben von wildem Schasmin,
Der Stunden zirkelnder Tanz Ein seliger Augenblick schien?

Die Götter selbst, gelockt von sanfterm Glücke, stiegen
Aus ihren Sphären herab, und teilten ihr Vergnügen.
Zusehends verschönerte sich die Gegend unterm Mond.
Und lange blieb der Himmel unbewohnt.
Die Götter eifern in die Wette,
Wer zur Begabung der Natur
Am meisten beizutragen hätte.
Die blonde *Ceres* deckt mit goldnen Ähren die Flur,
Mit Blumen *Zephyr* und *Flora* der Schäferinnen Bette;
Die *Nymphen* pflanzen für sie den labyrinthischen Hain,
Und laden die Schäfer – zum Schlummern in stille Grotten ein;
Arkadiens *Pan* beschützt die silberwolligen Herden,
Und läßt sie oft vervielfacht werden;
Indes von traubenvollen Höhn
Der neu erfundne Wein, der Erde Nektar, rauschet,
Und *Bacchus*, unterstützt vom lachenden *Silen*,
Der Hirten frohes Erstaunen belauschet.

Dem *Gott der Dichter* kam sogar
Die Grille, die seitdem den Dichtern eigen war,

Als *Seladon* sich zu verkleiden,
Und, unerkannt, in blonder Hirten Schar,
Die Herden des *Admet*, der schönste Hirt, zu weiden.
Ihn macht sein Witz, der ihren rohen Freuden
Veränderung und Feinheit gibt,
Den guten Schäfern bald beliebt,
Vermutlich auch den Schäferinnen;
Er lehrte sie der schönen Künste viel,
Manch Liedchen, manchen Tanz, und manches kleine Spiel
Mit Pfändern Küsse zu gewinnen.

Was sagen Sie, *Danae*? wie manch liebliches Gemälde würd uns nicht ein poetischer *Watteau* aus diesen ohne Ordnung hingeworfnen Bildern zusammen setzen? – Was für glückliche Leute die Menschen des goldnen Alters waren!

Ihr ganzes Leben ist Genießen!
Sie wissen nicht (beglückt, es nicht zu wissen!),
Daß außer ihrem Stand ein glücklich Leben sei;
Und träumen, scherzen, singen, küssen
Ihr Dasein unvermerkt vorbei.

Wer sollte denken, daß jene *Autochthonen* (erschrecken Sie nicht vor dem gefährlichen Worte!), jene rohen *Kinder der Mutter Erde*, die wir, mit zottigen Fellen bedeckt, unter Eichen und Nußbäumen herum liegen sahen, – Geschöpfe, die in diesem Zustande den großen Affen in Ostindien und Afrika nicht so gar ungleich sehen mochten, – und diese glücklichen Kinder des goldnen Alters, eben dieselben sein sollten?

Aber wie hätten sie auch etwas besseres sein können, eh sich die *Grazien* mit den *Musen* vereinten, um Geschöpfe, welche die Natur nur *angefangen* hatte, zu *Menschen* auszubilden; sie die *Künste* zu lehren, die das Leben *erleichtern, verschönern, veredeln*; ihren *Witz* zugleich mit ihrem *Gefühl* zu verfeinern, und tausend *neue Sinne* dem edlern Vergnügen in ihrem Busen zu eröffnen?

Die *Grazien* waren in diesen Zeiten noch unbekannt.

Kein Dichter hatte sie noch mit aufgelöstem Gürtel

Am stillen Peneus tanzen gesehn;
Im schönsten Tale der Welt entzog sie die ländliche Hütte
Den Augen der Götter und Sterblichen noch.

»Und wie so?« fragen Sie –

In der Tat war die Sache ein Geheimnis. Ihre *Mutter* hatte vermutlich Ursachen. Aber, da diese Ursachen längst aufgehört haben, und da ich Ihnen, schöne Danae, vielleicht noch geheimere Dinge verraten werde, so sollen Sie alles wissen!

Sie müssen von den Dichtern oft gehört haben, daß *Venus* die Mutter der Grazien sei; aber nicht jedermann kennt ihren Vater. Man hat verschiedentlich von der Sache gesprochen. Hier haben Sie die Anekdote frisch von der Quelle.

Als die neu entstandene Venus, von Himmel und Erde mit verliebtem Entzücken angeschaut, den Wellen entstieg, konnten die Götter nicht einig werden, welchem von ihnen sie zugehören sollte. Das kürzeste wäre gewesen, die junge Göttin der Wahl ihres eigenen Herzens zu überlassen. Aber so schüchtern macht die Liebe, daß keiner von den Göttern sich liebenswürdig genug glaubte, den Vorzug vor seinen Nebenbuhlern zu erhalten. Eben so wenig konnten sie sich entschließen, das Los den Ausspruch tun zu lassen. Die Sache blieb also eine geraume Zeit unentschieden, und würde vielleicht immer so geblieben sein, wenn nicht endlich *Momus* den Einfall gehabt hätte: um *Alle* zufrieden zu stellen, könnte man nichts besseres tun, als sie dem *Häßlichsten* geben.

Der Einfall wurde mit allgemeinem Klatschen aufgenommen. *Vulkan* war der Glückliche; und die Götter machten sich an seiner Hochzeit so lustig, als ob jeder seine eigene beginge.

Der gute Vulkan! Er schmeichelte sich – Aber was für einen Grund konnt er auch haben, sich zu schmeicheln? – Die *Tugend* der *Liebesgöttin*? Welch ein Grund! Doch desto besser für ihn, daß er in diesem Stücke wie viele Sterbliche dachte!

Venus hatte indessen, daß die Götter unschlüssig waren, ihre Zeit nicht verloren. Sie war ganz heimlich – *Mutter der Grazien* geworden. Hören Sie, wie es zuging!

Noch hatte sie Amathunt nicht zu ihrem Sitz erkiest;
Zu jung, sich die Lust des Wechsels zu versagen,
Ließ sie, die Welt zu sehn, und, wie natürlich ist,
Gesehn zu werden von ihr, auf einem schönen Wagen
Bald da bald dorten hin
Von ihren Schwanen sich ziehn.
Die Zephyrn flattern voran, mit Blumen jedes Gestad,
Wohin sie absteigt, dicht zu bedecken,
Und jedes einsame Bad,
Worin sich die Göttin erfrischt, umweben Rosenhecken.

Alle diese reizvollen Gegenden, welche noch immer in den Werken der Griechischen und Römischen Dichter blühen, die schönen *Ufer* des *Eurotas* und die *Thessalische Tempe*, das blumichte *Enna*, durch Proserpinens Entführung berühmt, der aromatische *Hybla*, das rosenvolle *Cythere*, und die wollüstigen Haine von *Daphne*, deren Reiz mächtig genug war, selbst den stoischen *Marcus Antoninus* eine Zeit lang der Sorgen für die Welt vergessen zu machen, – kurz, die schönsten Örter der Welt hatten ihre Vorzüglichkeit diesen Lustreisen der jungen Venus zu danken. Keiner wurde ohne Merkmale ihrer Gegenwart gelassen. Irdische Paradiese, und Inseln, gleich den *Inseln der Seligen*, blühten unter ihren Blicken auf. Ein ewiger Frühling nahm davon Besitz. Wildnisse verwandelten sich in *Hesperische Gärten*, und allenthalben boten Myrtenwäldchen oder Rosenbüsche den Liebenden ihren Schatten an.

Denn, auch die Halbgötter, welche damals noch die Erde bewohnten, und vornehmlich die *Menschen*, erfuhren die Wirkungen ihrer Gegenwart.

Die Nymphe, sonst zu spröd, um einem männlichen Schatten
Nur im Vorübergehn die Freiheit zu gestatten
Sich mit dem ihrigen zu gatten,
Schmilzt plötzlich in Gefühl, und irrt beim Mondenlicht
In eines alten Hains nicht allzu sichern Schatten:
Ein Faun mit offnem Arm und glühendem Gesicht
Eilt auf sie zu, und sie, sie fliehet – nicht.

Der Schäfer, der zu Chloens Füßen
  Von Liebesschmerzen halb entseelt
  Ihr seine Leiden vorgezählt,
Gedroht, er werde sterben müssen,
  Geseufzt, geweint, und stets ihr Herz verfehlt,
Wird plötzlich kühn, fängt an zu küssen;
  Und sie, anstatt auf Einen Blick
Ihn, wie er wähnte, tot zu schießen,
Dreht lächelnd sich von seinen Küssen,
  Und gibt sie endlich gar – zurück.

Und *Tithon*, den Aurorens schöne Brust
Und seelenvoller Blick vergebens
  Ins Dasein rief, erwacht zur längst entwöhnten Lust,
  Und sucht in ihrem Blick, auf ihrer schönen Brust
Zum letzten Male die Freuden des Lebens.

Vor allen andern Gegenden der Welt liebte Venus die anmutsvollen Gefilde, die sich am Fuße des Syrischen *Amanus* verbreiten; *Sie* erwählte die junge Göttin, die Szene ihrer schönsten Siege zu sein.

Hier war es, wo sie einst den jungen *Bacchus* fand, den Sohn *Jupiters* und der schönen *Semele*, den die *Hyaden* in einer Grotte des Berges *Nysa* erzogen hatten. Sie fand ihn, müde von der Jagd, auf Efeu und Rosen liegen.

O! könnt ich ihn malen, Danae! Ihr eigenes Herz sollte Ihnen dann sagen, was die junge Göttin der Liebe bei seinem Anblick empfand.

»So versuchen Sie es wenigstens!« –

Ich will, wofern Sie mir erlauben, daß ich die Farben zu meinem Gemälde von *Winckelmann* borge.

So eben betrat er die Grenzen
Des wollustatmenden Lenzen
  Der ewigen Jünglingschaft.
Sein Atem glich den Lüften
Worin sich Rosen verdüften,

Und seine wallenden Hüften
Bläht jugendliche Kraft.

Zärtlichkeit und süße Schalkheit blitzen
Aus den schwarzen Augen; und, wie zarte Spitzen
Junger Pflanzen, drückt der Keim, der Lust
Sanft hervor aus seiner Rosenbrust.

Kurz – Sie kennen ja das schönste Lied des *Gleims der Griechen*? –
Anakreon hätte seinen *Bathyll* zu sehen geglaubt.

Er lag in der grünlichen Nacht
Vom schönsten Myrtenbaume
Halb schlummernd, halb erwacht,
In einem entzückenden Traume,
Und schien die Bilder, die noch um seine Augen lachen,
Zu sammeln und sich wahr zu machen.

Hätte der Zufall beide junge Götter in einem günstigern Augenblick überraschen können? Und wie hätte die Göttin der Liebe – sagen Sie, Danae! – wie hätte sie einem so lieblichen Knaben nicht gewogen werden sollen?

Cythere war schön und empfindlich,
Und Bacchus empfindlich und schön.
Wie konnt es anders ergehn?
Sie lieben, so bald sie sich sehn.
Baumgarten beweist es uns gründlich,
Es konnte nicht anders ergehn!

Die junge Venus war nie so schön gewesen als in diesem Augenblicke. Sie, die den Geist der Liebe über alles ausgoß was ihre Blicke berührten, hatte selbst noch nie geliebt. Ein Seufzer, der erste, der mit wollüstigem Schmerz aus ihrer errötenden Brust empor arbeitete, sagt' ihr, sie liebe.

Der erste Seufzer der Liebesgöttin! – Wie glücklich war der Unsterbliche, dem dieses Erröten, dieser Seufzer ihre Rührungen gestand! Der junge Bacchus fühlte itzt zum ersten Male daß er mehr als ein Sterblicher sei. Und wohl kam es ihm! Kein Sterblicher hätte die Gewalt des Entzückens ertragen können, mit welchem er in ihre Arme flog.

Vergessen Sie nicht, Danae, daß er noch beinah ein Knabe war, und so liebenswürdig, so unschuldig, und doch bei aller seiner Unschuld so verführerisch aussah, daß es nicht möglich war, sich in Verfassung gegen ihn zu setzen.

> Diana hätte vielleicht in diesem Augenblicke
> Sich eben so wenig zu helfen gewußt.
> Die Göttin meint, sie drück' ihn – sanft zurücke,
> Und drückt ihn sanft – an ihre Brust.

Die poetischen Götter sind nicht immer die Gebieter der Natur. Es gibt Fälle, wo sie ihr eben so untertan sind als wir armen Sterblichen. Der junge Bacchus und die junge Cythere überließen sich, in aller Unschuld der Unerfahrenheit, den süßen Empfindungen, deren Gewalt sie zum ersten Male fühlten.

Sei'n Sie ruhig, Danae! – Ich unterdrücke würklich ein halbes Dutzend Verse, wiewohl es vielleicht die schönsten sind, die mir jemals eingegeben wurden. Und doch – wenn ich dächte, Sie glaubten ich unterdrücke sie nur, weil es mir *so* bequemer sei –

»Nein! Nein! ich glaube nichts zu Ihrem Nachteil; man kennt die Wärme Ihres Pinsels! Lassen Sie immer –«

Ein schönes dicht verwebtes Rosengebüsche um das Gemälde sich herziehn, das ich machen wollte; nicht wahr? –

Ihr Wink soll vollzogen werden, Danae: hier steht es!

Zweites Buch

Amor, – Sie kennen ihn doch, Danae?

»Und wie, wenn ich ihn nicht kennte; oder ihn nicht anders als aus den Gemälden Ihrer Freunde, oder aus alten *Gemmen*, oder aus den Bildern kennte, welche *Daullé* und *Mechel* nach *Coypel* und *Vanloo* von ihm gemacht haben?«

In diesem Falle würde ein Französischer Dichter sich sehr höflich erbieten, Sie näher mit ihm bekannt zu machen. Aber ich – alles, was ich für Sie tun könnte, wäre, daß ich Sie bedauerte.

Amor also verlor sich einst – er war noch sehr jung – auf einer seiner Wanderungen in einem Gehölze von Arkadien. Müde warf er sich unter einen wilden Myrtenbaum, und entschlief.

> Hyacinthen, Lotus, Violetten
> Trieb die Erde, Amorn sanft zu betten,
>   Unter ihm hervor.
> O! wie schön er lag! die Blumen hielten,
> Gleich als ob sie seine Gottheit fühlten,
>   Federn gleich den Schlafenden empor.

Wenn Ihnen die Verse gefallen sollten, Danae, so bedanken Sie sich dafür beim *Homer*, der dem Vater der Götter ein ähnliches Lager bereitet, als Juno ein Mittel fand, ihn vergessen zu machen daß sie seine Gemahlin sei.

Als *Amor* erwachte, fand er sich von drei jungen Mädchen umgeben, aber den artigsten, lieblichsten Mädchen, die er jemals gesehen hatte.

Beim ersten Anblicke hätte man sie für drei Nachbilder des nämlichen Urbildes gehalten, so ähnlich sahen sie einander.

Sie waren um Abendzeit ausgegangen, Blumen zu holen, womit sie das Lager ihrer vermeinten Mutter zu bekränzen pflegten.

»Dort sind eine Menge Blumen«, rief die kleinste, indem sie nach dem Orte hinhüpfte, wo *Amor* schlief. Stellen Sie sich vor, wie ange-

nehm sie erschrak, als sie unter den Blumen den kleinen Gott er-
blickte!

> »Schwestern, (rief sie, doch nur mit halber Stimme,
> Um den kleinen Schläfer nicht aufzuwecken)
> Was ich sehe! O Schwestern, helft mir sehen!
> Ein – wie nenn ichs? – Kein Mädchen, doch so lieblich
> Als das schönste Mädchen, mit goldnen Flügeln
> An den runden lilienweißen Schultern.
> Auf den Blumen liegt es, wie Sommervögel
> Sich auf Blumen wiegen! In euerm Leben
> Habt ihr so was liebliches nicht gesehen!«

Die Schwestern eilten herbei. Alle drei standen itzt um den klei-
nen schlafenden Gott, und betrachteten ihn mit süßer Verwunde-
rung.

> »Wie schön es ist! wie rot sein kleiner Mund!
> Die gelben Locken wie kraus! Sein weißer Arm wie rund!
> O seht! es lächelt im Schlaf! – Und Grübchen in beiden Wangen
> Indem es lächelt – *Aglaja*, wir müssen es fangen
> Eh es erwacht und uns entfliegt!« – »Es fangen,
> Du kleine Närrin! und was
> Damit machen?« – »Welche Frag ist das!
>
> Kurzweil, liebe Schwester, solls uns machen,
> Mit uns spielen, scherzen, singen, lachen,
> Schwestern, meint ihr nicht?
> O so seht ihm nur recht ins Gesicht!
> Unschuld lacht aus jedem Zug und Freude;
> O! gewiß, es tut uns nichts zuleide!
> Oder meinet ihr nicht?«

»Aber, o Diana!« – rief die kleinste der Schwestern, »was seh ich!
Einen Bogen, und einen Köcher voll kleiner goldener Pfeile, unter
den Blumen verstreut. Mir schauert!«

> »Ach Schwestern, wenn es Amor wäre?
> Wie würd es uns ergehn!«

»Nein, Pasithea, nein! Zum Amor ists zu schön!
    Wo hast du ein Gesichtchen gesehn
Wie dies? Es machte dem schönsten Mädchen Ehre!

Der kleine *Drache* sollt es sein,
    Von dem die Mutter spricht, er nähre
Von Mädchenherzen sich? Nein, Pasithea, nein!
    Es *schreckte* wenn es Amor wäre;
Und dies ist lauter Reiz: es kann nicht Amor sein!«

»Mein Herz klopft mir vor Angst«, sprach die sanfte *Pasithea.* Die kleine Unschuldige! Es war nicht Angst, was in ihrem jungen Herzen klopfte; Liebe wars.

»Kommt, Schwestern«, sagte *Aglaja;* »das sicherste ist, wir fliehen.«

»Redet nicht so laut«, flüsterte ihnen die muntre *Thalia* zu, welche sich nicht entschließen konnte, den kleinen Gott zu verlassen. »Was es auch sein mag, dies bin ich gewiß, daß es uns kein Leid zufügen wird.«

»Aber, wenn es Amor wäre?« wiederholte *Pasithea;* »das sicherste ist, wir fliehen.«

»Schwestern«, erwiderte jene, »mir fällt was ein:

Wie, wenn wir ihn mit Blumen bänden?
Ihn um und um an Arm und Bein
Mit Fesseln von Efeu und Rosen umwänden?
Dann möcht es immer Amor sein!
Er möchte zappeln, wüten, dräun,
Wir hätten ihn in unsern Händen!
Wir würden seine Pfeile zerbrechen,
Und ließen ihn nicht frei, er müßt uns erst versprechen,
Fromm wie ein Lamm zu sein.«

Der Einfall gefiel den Schwestern. Sie nahmen ihre Kränze ab, flochten noch frische dazu, und umwickelten ihm Arme und Flügel und Füße so gut damit, daß alle Stärke dieses kleinen Bezwingers der Götter und der Menschen nicht vermögend war, sich los zu reißen, als er erwachte.

Sie hatten sich hinter einer Rosenhecke verborgen, um sein Erwachen zu belauschen. Aber sie ließen ihn nicht lange im Wunder, wer ihm den losen Streich gespielt habe. Ihr Lachen verriet sie. *Amor* erblickte sie hinter der Hecke, und sein Herz hüpfte vor Freude; denn so liebliche Mädchen hatt' er nie gesehen, seit er Amor war. Er rief ihnen in dem Tone, den er annimmt, wenn er verführen will, zu:

> »Schöne Nymphen, o helft mir armen Knaben!
>   Laufet nicht davon!
> Ich bin Amor, Cytheräens Sohn,
>   Der sich hier in euerm Hain verlief.
> Faunen müssen mich so gebunden haben,
>   Da ich unbesorgt in meiner Unschuld schlief.«

»Hörtet ihr, was er sagte?« flüsterte *Aglaja* ihren Schwestern zu: »er verrät sich selbst.«

»Aber er bittet so schön«, sagte die sanfte *Pasithea*: »wir wollen doch zu ihm hingehen; er ist so fest gebunden, daß er uns nichts tun kann.«

»So bist du Amor?« fragte ihn *Thalia* lächelnd.

»Ja, schöne Nymphe, ich bin Amor, der Gott der Liebe, der Gott der süßesten Freuden; und nie fühlt ich so vollkommen, daß ich es bin, als seitdem ich euch sehe.«

»Du bist ein kleiner Schmeichler«, versetzte das Mädchen: »aber du sollst uns nicht beschwatzen! Eben weil du Amor bist, binden wir dich nicht los.«

»Und warum nicht, weil ich Amor bin?«

»Wir müssen dir erst deine Pfeile zerbrechen.« –

> »Meine Pfeile müßt ihr erst zerbrechen?
>   Und was tat ich euch?
> Ist *euch lieben* ein so groß Verbrechen?
>   Doch, zerbrecht sie nur, es gilt mir gleich!
> Kann ich doch mit euern schönen Blicken
> Statt der Pfeile meinen Köcher schmücken!«

Er begleitete diese Schmeichelei mit so zärtlichen Bitten, daß die guten Mädchen unschlüssig wurden, was sie tun sollten.

»Wenn er Amor ist«, sagten sie leise zu einander, »so müssen zwei Amorn sein. Dieser hier sieht dem gar nicht ähnlich, vor welchem uns die Mutter zu warnen pflegt. Er sieht so freundlich, so unschuldig aus! Ich dächte wir bänden ihn los?«

»Aber wenn er uns davon flöge?«

Amor hörte diese letzten Worte. »Nein, liebenswürdige Nymphen! Lernet die Gewalt besser die ihr über mich habt! Der bloße Gedanke, euch zu verlassen, würde mir unerträglich sein. Ich habe keinen andern Wunsch, als ewig bei euch zu bleiben.«

»Also willst du mit uns kommen, Amor, und bei uns wohnen, und unser Gespiele sein?«

»Ja wohl will ich«, sprach Amor:

> »Von euch zu scheiden begehren?
> Ich müßte nicht Liebesgott sein!
> Euch ließ' ich im wilden Hain
> Bei Faunen und Hirten allein,
> Nach Paphos wiederzukehren?
> Nein, holde Schwestern, nein!
> Ihr seid zu reizend, Cytheren
> Nicht einzig anzugehören!
> Ich führ euch bei ihr ein,
> Um ihren Hof zu vermehren,
> Und ihre Gespielen zu sein.«

Das gefiel den Mädchen. – Paphos! Der Hof der Liebesgöttin! – Nach Amorn davon zu urteilen, mußt es dort sehr artig sein.

»Was für ein süßes – wie nenn ichs? – bemächtiget sich meiner, indem er spricht?« flüsterte *Pasithea*. – »Mir ist ich erwache aus einem Traume.« – »Ich fürcht er hat uns bezaubert«, sagte *Aglaja*. – »Es ist unmöglich, seinem süßen Geschwätze zu widerstehen«, sagte *Thalia*. – Kurz, sie fingen an ihm seine Blumenfesseln abzunehmen.

Wie froh war er, da er einen seiner schönen Arme wieder frei hatte! Sie vermuten doch, Danae, daß der erste Gebrauch, den er davon machte, kein andrer sein konnte, als seine Befreierinnen – umarmen zu wollen?

»Wie? du bist schon so leichtfertig«, sagte *Thalia* lächelnd, »und hast erst Einen Arm frei? Warte, Amor! du sollst den andern nicht haben, wo du uns nicht schwörest, daß du sittsam sein willst!«

»Also soll ich euch keinen Kuß geben dürfen?«

»Einen Kuß?« – rief sie, indem sich ihr Gesicht mit der süßesten Rosenfarbe überzog: –

>»Nein, Amor, nein!
>Nein, wir müßtens gar zu strenge büßen,
>Wenn wir uns von Knaben küssen ließen!
>Amor, nein, das kann nicht sein!

>Ein Kuß macht Schmerz,
>Ich hört es oft die Mutter sagen;
>Es ist kein Scherz!
>Er macht die Lippen hitzig,
>Und Kinn und Nase spitzig,
>Und fällt aufs Herz!«

>»Von Faunen, ja! das muß ich selber sagen,
>*Da* macht er Schmerz.
>Allein bei mir ist nichts zu wagen,
>Mein Kuß erquickt das Herz.
>Versucht es nur! Ihr werdet Dank mir sagen!«

>»Nein, wir müssen erst die Mutter fragen;
>Es ist kein Scherz!«

»Gut«, rief *Amor*, mit einer kleinen trotzenden Miene, die in seinem schönen Gesichte tausend Reize hatte: »ich sehe wohl, daß man euch wider euern Willen glücklich machen muß. Ihr sollt bald andre Gedanken von der Sache fassen.«

Er glaubte, daß es nun sehr leicht sein würde sich los zu machen. Aber er erfuhr das Gegenteil. Er hätte leichter diamantene Fesseln zerreißen können, so sehr boten diese Blumenketten aller seiner Stärke Trotz. – »Was für Mädchen sind das?« dacht er bei sich selbst, indem er Blicke auf sie heftete, mit denen er in das Geheimnis ihres Wesens dringen zu wollen schien.

»Warum siehst du uns so ernsthaft an?« sagte *Aglaja.*

»Ich frage mich selbst, welche von euch dreien ich am meisten lieben werde?«

»Und was antwortest du dir?«

»Ihr seid alle drei so liebenswürdig, daß ich mir nicht anders zu helfen weiß, als – euch alle drei zu lieben.«

»Aber, welche von uns gefällt dir am besten?«

»Die, welche sich zuerst küssen lassen wird!«

»Schwestern, Schwestern«, rief Aglaja mit einem kleinen Seufzer: »ich besorge, es wird uns gereuen daß wir uns mit ihm eingelassen haben.«

Und doch! was sollten sie machen, die guten Kinder! Die Sonne war schon untergegangen. Sie mußten zurück nach der Hütte; und Amorn gefesselt im Haine zurück zu lassen, war ein so grausamer Gedanke, daß keine von ihnen fähig war, ihm nur einen Augenblick Gehör zu geben.

»Komm, Amor«, sagten sie, »wir wollen dich los binden; aber erst mußt du uns schwören, daß du recht artig sein, und alles tun willst was wir dir befehlen!«

»Wer hätte gedacht«, rief er, »daß so holdselige Mädchen so mißtrauisch sein könnten! Doch, ich will alles was ihr wollt.

> Beim schmelzenden Entzücken
> Von euern sanften Blicken!
> Bei diesen Blumenketten,
> Und bei den Zephyretten,
> Die erst im Hinterhalt
> In jungen Busen liegen,

Dann, von der Liebe Gewalt
Gepreßt, mit bangem Vergnügen
In kleiner Götter Gestalt
Den schönen Lippen entfliegen!
Beim Saft der Nektartraube,
Der Spröden Lüsternheit
Und Blöden Mut verleiht!
Bei meiner Mutter Taube,
Bei Daphnens Lorbeerbaum,
Und bei Endymions Traum!
Bei Ariadnens Faden,
Bei Jasons goldnem Vlies,
Bei Meleagers Spieß,
Und Atalantens Waden,
Bei Ledas Ei, und Danaes Gold,
Schwört euch Amor – was ihr wollt!«

»Und konnten so artige Mädchen einfältig genug sein, einen solchen Schwur verbindlich zu glauben?«

Es ist wirklich wunderbar, Danae, daß – so viele Schönen, seit der *ersten* die durch Schwüre betrogen worden ist, sich noch immer durch Schwüre betrügen lassen, die, im Grunde, nicht um das Gewicht eines Sonnenstäubchens verbindlicher sind als dieser!

»Aber wissen Sie auch, daß Sie mir noch ein Gemälde schuldig sind?«

Das dächt ich nicht; und wovon?

»Von den *Grazien*, von denen Sie mich diese ganze Zeit über unterhalten, ohne sie gemalt zu haben.«

Desto schlimmer für mich! Denn ich hatte wirklich die Absicht, sie zu malen; die *naiven Grazien* wenigstens, die Grazien, die, sich selbst noch unbekannt, *Amors* Beistand vonnöten hatten, um die leichte Hülle, welche die Arkadische Einfalt um sie geworfen hatte, abzustreifen, und dem Gott der Liebe – *seine Schwestern* darzustellen.

»Aber ihre Gestalt?« –

Vergeben Sie mir, Danae! Sie fordern mehr von mir, als ich leisten kann. Sie mögen sehr reizend in ihrer Schäfertracht ausgesehen haben; aber *wie* sie aussahen, das müssen Sie sich von unsrer Grazienmalerin *Angelika* zeigen lassen.

»Sie waren also nicht – wie man sie gewöhnlich vorzustellen pflegt?« –

Unbekleidet, meinen Sie? – Nein! Sie waren gekleidet, wie es die Arkadischen Mädchen damals zu sein pflegten; nur artiger. Denn die andern Mädchen eiferten ihnen darin nach. Aber umsonst! Das was *die Töchter des jungen Bacchus* und *der lächelnden Cythere*, in welcher Tracht sie erschienen, zu *Grazien* machte, entschlüpfte der Nachahmung. Es war nicht ein Blumenstrauß, auf diese Art oder auf jene Art an einen Busen gesteckt: es war ein Blumenstrauß von der Hand einer *Grazie* an den Busen einer *Grazie* gesteckt. Es war das Zauberische – das niemand nennen kann, wozu die empfindsamen Seelen einen *eigenen Sinn* haben; was sich von diesen Günstlingen der Natur fühlen, denken, aber nicht beschreiben läßt.

Ich weiß nicht, ob die Grazien, welche *Sokrates*, der Weise, in seiner Jugend aus Marmor gebildet haben soll, in diesem Geschmacke gekleidet waren. Aber dies weiß ich, daß ich einem jeden Maler, der *nur* ein *Rubens*, oder *nur* ein *Boucher* wäre, möchte verbieten können, *die Grazien mit aufgelöstem Gürtel* zu malen.

Schöne, junge, wollustatmende nackte Mädchen sind darum noch keine *Grazien*. Sie können dazu *erhoben* werden; aber diese *Apotheose* kann nur in der Einbildungskraft eines *Apelles*, eines *Raffael*, oder *Correggio*, und auch da nur mit Hülfe einer außerordentlichen Begeisterung vorgehen. Wenn es jemals der Natur gefallen sollte, in Einem Manne Correggios Gefühl mit Raffaels Geist, und mit der ganzen Magie des feinsten und wärmsten Niederländischen Pinsels zu vereinigen: dann möchte diesem Phönix erlaubt sein, alles zu wagen, wozu er sich geboren fühlte. Ihm könnte man zutrauen, daß er den *Charitinnen* diese *ideale* Schönheit geben würde, von welcher *Winckelmann* mit einer Schwärmerei spricht, die in *seinem* Munde so viel Wahrheit hat; dieses überirdische, »diese Einheit der Form, die wie ein Gedank' erweckt, und mit Einem leichten Hauche geblasen schiene;« – dieses Charakteristische endlich, dieses Seelenvolle, dies über ihre ganze Gestalt ausgegossene Lächeln, diesen unter ihr, wie durch einen dünnen Schleier, hervor scheinenden Geist der Anmut und der Freude, der uns beim ersten Anblick empfinden machte, daß wir *die Grazien* vor uns sähen.

Bis dahin, Danae, vereinigen Sie sich mit mir, die Artisten zu ersuchen, daß es ihnen belieben möchte, ihre Geschicklichkeit im Nackenden lieber an irdischen Formen, an Urbildern, welche man nicht profanieren kann, zu beweisen; – wofern sie anders nicht für anständiger halten, auch die unidealische Schönheit der Erdentöchter – von welcher eben deswegen keine *geistigen* Eindrücke zu hoffen sind – des Schleiers, dem sie so viel zu danken haben, nicht ohne Not zu berauben, und den Vorhang vor *badenden Schönen* bloß aus dem ganz einfältigen Grunde *nicht* wegzuziehen, weil diese Schönen sich ganz sicher darauf verließen, daß sie außer Gefahr seien, von männlichen Augen *betastet* zu werden.

Bekleidet also waren sie; aber so, wie *Grazien* bekleidet sein sollen:

> Nicht in den Gotischen Schwulst
> Des ehrenfesten Wulst
> Der *Dame Quintagnone*;
> Nicht in gewebte Luft,
> Wie ehmals Roms Matrone;
> Noch, wie Horaz zu Amors Fest sie ruft,
> Mit aufgelöster Zone!
>
> Dem leichten Silberduft
> Glich ihr Gewand,
> Das Zephyrs lose Hand,
> Wenn *Luna* seufzend nieder
> Auf ihren schönen *Schläfer* sieht,
> Um ihr errötend Antlitz zieht.

Drittes Buch

»Nun bin ich frei«, rief *Amor* hüpfend, da sie ihn los gebunden hatten: »und sehet, schöne Schwestern, was für einen Gebrauch ich von meiner Freiheit mache!«

Er flatterte einer nach der andern in die Arme, und liebkosete ihnen so schön, daß sie nicht umhin konnten, ihn freundlich an ihren Busen zu drücken, und ihm alle die Küsse wieder zu geben, die er ihnen, ohne um Erlaubnis zu fragen, gegeben hatte. Ich wollte nicht allen, denen diese Methode gefallen könnte, raten, es ihm nachzutun. Man muß Amor sein, oder Amorn zum Fürsprecher haben, um sich einen so guten Erfolg versprechen zu können.

Itzt flog Amor wieder aus ihren Armen, band die auf dem Boden verstreuten Blumenkränze in eine lange Kette zusammen, umwand mit einem Teile davon seine schönen Hüften, und reichte lächelnd das andre Ende den Schwestern hin. »Freiwillig«, rief er, »will ich euer Gefangener sein!

> Eure Ketten tragen
> Ist so schön, so süß!
> Niemals, seit ich Amor hieß,
> Fühlt ich dies Behagen!
>
> O! wie nenn ich euch, von euern Blicken,
> Euerm Lächeln allem was ihr seid,
> Diese unnennbare Süßigkeit
> Mit Einem Worte auszudrücken?
>
> Ich nenn euch *Grazien*, ihr holden Drei!
>   So soll euch Gnid und Paphos nennen!
>   Und selbst Cythere soll erkennen,
> Daß sie *durch Euch allein* der Herzen Göttin sei!«

Die Grazien fühlten sich selbst noch nicht genug, um Amorn ganz zu verstehen. Aber sie verstanden doch genug, um das,

was er ihnen sagte, sehr schön zu finden. »Wer hätte gedacht«, rief *Thalia*, »daß Amor so artig wäre!«

In der Tat, der kleine Gott wußte selbst nicht recht wie ihm geschah. Er kannte sich nicht mehr, seitdem er bei diesen holden Mädchen war. Alle Schelmerei ging weg; er fühlte sich unfähig ihnen einen seiner Streiche zu spielen. Seine Empfindungen verfeinerten sich, und nahmen eine Farbe von Sanftheit und Unschuld an, wie man sagt, daß der *Chamäleon* die Farbe des Gegenstandes annehme, der ihm der nächste ist. Wären es gewöhnliche Nymphen gewesen, er hätte nicht zehn Minuten warten können, seinen kleinen Mutwillen auf Kosten ihrer Ruhe auszulassen. Aber diese lieblichen Mädchen, in denen alles, was naive Unschuld, gefällige Güte und frohe Heiterkeit Göttliches hat, wie in der Knospe eingewickelt lag, diese konnt er nur – lieben; *so* lieben, als ob es ihm geahnet hätte daß sie seine Schwestern wären; alle drei gleich zärtlich, und jede so sehr, daß die Eifersucht selbst hätte befriediget sein müssen, wenn diese unedle, sich selbst quälende Leidenschaft einen Platz in dem Herzen der Grazien finden könnte.

»Aber, was werden wir unsrer Mutter sagen, wenn wir mit Amorn zurück kommen?« fragte die kleine *Pasithea.*

»Wißt ihr, was wir tun?« sprach *Thalia:* »wir füllen diesen Korb mit Blumen, setzen Amorn drauf, und tragen ihn nach Hause, und sagen, daß wir ihn unter den Blumen gehascht haben, und fragen sie, ob sie jemals in ihrem Leben einen so artigen Vogel gesehen habe? – Oder was meint ihr?«

»Vortrefflich, Thalia!« rief *Amor* lachend: »ich will mich so leicht machen, als ob ich ein Schmetterling wäre; und für die Aufnahme bei eurer Mutter laßt nur mich sorgen! Sie soll mit mir zufrieden sein.« Dies sagend hüpft' er in den Korb, und lachend und scherzend trugen ihn die Grazien davon.

Die Schäferin, welche von den Grazien Mutter genannt wurde, war, zu ihrer Zeit, so schön gewesen, als man sich die *Amme der Grazien,* von Venus selbst ausgewählt, vorstellen kann. Aber sie fing an zu welken. Ihr Hirt war kein *Seladon,* kein *Pastorfido,* auch kein *Geßnerischer Daphnis;* doch wich er dem besten *Theokritischen* Hirten nicht. Noch immer liebt' ihn seine *Lycänion;* aber er war alt.

Lycänion stand unter der Hütte, als die Mädchen mit ihrem Blumenkorb und Amorn daher gehüpft kamen. »Liebe Mutter«, rief *Thalia:*

»Was wir dir für einen Vogel bringen!
Welche Locken! Was für schöne Schwingen!
Und ein Mädchengesicht!
Kann er dir nur halb so lieblich singen,
Als er lieblich spricht,
O, so sahst du keinen schönern nicht!
Was wir dir für einen Vogel bringen!
Gelbe, krause Locken, goldne Schwingen,
Und ein Mädchengesicht!'

»Venus sei uns gnädig!« rief Lycänion, da sie in den Korb hinein guckte: »was für einen Vogel habt ihr da! Arme Mädchen! Seht ihr nicht daß es Amor ist?«

»Ja wohl ist es Amor«, rief die kleine Pasithea, »aber der beste, freundlichste Amor von der Welt.

Nicht der böse, ungestüme, wilde,
Der die Mädchen frißt!
Mütterchen, es ist
Ganz ein andrer, lachend, sanft und milde.
Auf den Blumen im Gefilde
Lag er schlummernd da;
Und wir banden ihn mit Blumenketten,
Eh er sichs versah.
O! wie bat er uns! Allein wir hätten,
Als er sagte daß er Amor sei,
Ihn nicht los gemacht, wiewohl wir drei,
Er nur einzeln war; – er mußt uns schwören,
Eh er seine Arme frei bekam,
Uns kein Leid zu tun, und fromm zu sein und zahm.
Und er schwors; es war recht schön zu hören!
Und als ob wir seine Schwestern wären,
Liebt er uns, und führt uns bei Cytheren
Seiner Mutter ein;
Und wir sollen, wenn wir artig wären,
Ihre Mädchen sein!'

»Kinder, Kinder«, rief die Amme – welche nicht wußte daß ihre Pflegekinder die Töchter einer Göttin waren – »ihr habt euch hintergehen lassen! So lieblich er aussieht, so schlimm ist er.

> Ihr denkt, er ist ein Kind
> Und süßer Unschuld voll, wie Kinder sind?
> Verlaßt euch drauf! Er lockt euch nur ins Netze!
> Traut seinem schmeichelnden, glatten Geschwätze;
> Zu bald, zu bald gereut es euch!
> Er ist der Wassernixe gleich,
> Die unterm Schilf am Ufer lauschet
> Und singt ihr Zauberlied,
> Und, kommt ihr sie zu sehn, euch schnell entgegen rauschet,
> Und euch hinab ins Wasser zieht.«

»Ei, ei, Mütterchen«, rief Amor; »was für eine Beschreibung du von mir machst! Ich bitte sehr, erschrecke mir meine lieben Mädchen nicht! Ists billig, daß *Amor* es entgelten soll, wenn dir *Hymen* lange Weile macht? – Aber laß uns gute Freunde sein, schöne Lycänion! – He! Damöt, wo bist du, Damöt? – Wie gefällt dir diese junge Schäferin?«

»O Götter!« riefen beide zugleich aus, indem sie einander ansahen und umarmten: *»Bist du Lycänion? – Bist du Damöt?* – Welche Gottheit hat uns unsre Jugend wieder gegeben? – O! Amor, wir erkennen deine wohltätige Macht! Unser Entzücken allein kann dir unsern Dank ausdrücken!«

Wie gefällt Ihnen Amors Rache, schöne Danae? Stellen Sie sich selbst vor, welche Freude dieses unverhoffte Wunder verursachte.

Aber in dem nämlichen Augenblick erfolgte ein andres, welches Amorn selbst in angenehmes Erstaunen setzte. Die Hütte, worin sie waren, verwandelte sich plötzlich in eine große Laube, deren Wände und Dach aus Myrten, mit Efeu und Weinreben verwebt, dicht zusammen geflochten waren. Rings um hingen große Kränze von frischen Rosen, in Liebesknoten gewunden, an den Wänden herab; und ein Krug und etliche Geschnitzte Becher, die auf dem Tische standen, füllten sich von selbst mit dem besten Weine, der sprudelnd über den Rand der Becher sich ergoß.

Amor erkannte die unsichtbare Gegenwart seiner *Mutter*, und des schönen *Bacchus* des Freudengebers. Er sah die erstaunten *Grazien* an. Aber, wie erstaunt' er selbst, da er, wiewohl ihre Gestalt noch kenntlich blieb, die holden Mädchen zu wahren Göttinnen erhöhet sah!

Das Irdische schien wie eine leichte Hülle von ihnen abgefallen zu sein. Namenlosen Reiz atmend schwebten sie über dem Boden; in ihren Augen glänzte unsterbliche Jugend; Ambrosia düftete aus den flatternden Locken; und ein Gewand, wie von Zephyrn aus Rosendüften gewebt, wallte reizend um sie her.

»O! laßt euch umarmen«, rief *Amor* entzückt: »meine Augen öffnen sich; die Götter erklären uns das Geheimnis eures Wesens; umarmet mich, holde Grazien, *ihr seid meine Schwestern!*«

Sie umarmten ihn – Aber diese Szene, – wenn jemand sie malen kann, so muß es der Dichter sein, der Pygmalions Statue beseelt und die Vergötterung der schönen *Ino* so göttlich gesungen hat. Ich gestehe Ihnen, Danae, daß ich hier an der Grenze meiner Fähigkeit bin.

Viertes Buch

Die Bewohner Arkadiens in diesen Zeiten waren gute Leute, größten Teils Hirten, aber weit davon entfernt, so zärtlich und witzig zu sein, und so schöne *Monologen* halten zu können, als die *Myrtillen* und *Korisken* des sinnreichen *Guarini*.

Doch, dies wollen wir ihnen gerne zugute halten, Danae: denn wie sehr wir auch für die geistvolle Poesie dieses Welschen Dichters, für die Magie seines Ausdrucks und die Musik seiner Verse eingenommen sind; so können wir uns doch nicht verbergen, daß die Vermischung der Arkadischen Einfalt mit der romantischen Spitzfündigkeit in Gedanken und Ausdrücken, die er seinen Liebhabern gibt, ungefähr eben die Wirkung auf uns mache, als wenn wir die künstliche Symmetrie, die in groteske Formen verschnittenen Bäume, und die in Einen Punkt zusammen laufenden, nach der Schnur gezogenen Hecken unsrer (ehmaligen) Lustgärten in Arkadische Gegenden versetzt sehen würden;

In Gegenden, wo die Natur, vom Zwange der Regeln entbunden,
    Als spielte sie nur, die großen Wunder getan,
Wozu die Kunst noch nie den Schlüssel gefunden,
    Und edel ohne Schwulst, harmonisch ohne Plan,
Den Reichtum mit Einfalt, den Reiz mit Majestät verbunden.
    In stille Matten, an denen ein rieselnder Bach
Durch junge durchsichtige Büsche sich windet,
    Und Wäldchen, wo der Hirt ein kühles Sonnendach,
Und Amor den Schlaf, und Begeistrung der *Penseroso*[1] findet.

Allein diesen lieblichen Gegenden des schönen Arkadiens fehlt' es noch an Einwohnern, die ihrer würdig waren. Noch glichen sie jenen unvollendeten Menschen, die, von *Prometheus* aus geschmeidigem Ton gebildet, auf den beseelenden Funken warteten, den er für sie aus der geheimen Quelle des himmlischen Feuers im Olymp zu stehlen unternahm.

---

[1] Der gefühlvolle Dichter. Anspielung auf MiltonsPenseroso.

Freiheit und Überfluß des Notwendigen teilte ihnen diejenige Art des Wohlstandes mit, welche die Grundlage der Glückseligkeit, aber nicht die Glückseligkeit selbst ist. Sie lebten friedsam unter einander; die Notwendigkeit hatte ihnen sogar die edleren Begriffe von einem gemeinsamen Besten, und dieses von Tugend und Verdienst gegeben; aber die Reize der verfeinerten Geselligkeit, diese kannten sie noch nicht. Ihre Jünglinge waren noch *wild*, ihre Mädchen *blöde*. Die Liebe war bei ihnen wenig mehr als die Sättigung eines tierischen Triebes; ihre Seele war noch nicht zur Idee einer *feinen ausgesuchten Glückseligkeit aus der Wahl ihrer Gesellschaft*

[2] (wenn ich mir einen Ausdruck von *Milton* eigen machen darf) erhöhet. Bei ihren Festen herrschte lärmende zügellose Fröhlichkeit, die sich oft, nach *Thracischer* Weise, in Schlachten mit Bechern und Krügen

[3], und allemal in einem allgemeinen Rausch endigte. Denn sie kannten noch für Sterbliche, und Götter selbst, keine größere Wonne. Das feinere Gefühl des Schönen und Anständigen, die edlere Liebe, die allein dieses schönen Namens würdig ist, den züchtigen Scherz und das witzige Lachen, und diese liebliche Trunkenheit, welche die Seele nicht *ersäuft*, nur *sanft begeistert*, sie (wie der *Homerische Nepenthe*) in süßes Vergessen aller Sorgen einwiegt, unfähig zur Traurigkeit macht, und jeder zärtlichen Regung und schuldlosen Freude öffnet, – von allem diesem wußten die guten Leute nichts. Zwar hatten die *Musen* angefangen ihnen ihre Gaben mitzu-

---

2

A nice and subtle happines, I see,
Thou to thyself proposest in the choice
Of thy associates –
•
• Parad. Lost, B. VIII. v. 399.
•
•

3

Natis in usum laetitiae scyphis
Pugnare, Thracum est –
•
• Horat. Od. I. 27.
•
•

teilen; die Arkadier waren unter allen Griechen durch die Liebe zur Musik berühmt. Aber ohne die *Grazien* und *Amorn in ihrer Gesellschaft* ist es selbst den *Musen* nicht gegeben, die Verschönerung des Menschen zu vollenden.

So war es mit *Arkadien* beschaffen, als die *Grazien,* eh sie mit Amorn nach Paphos, dem Sitz ihrer schönen Mutter, zogen, den lieblichen Gegenden, wo ihre Kindheit in ländlicher Einfalt und Unwissenheit ihrer selbst dahin geflossen war, die ersten Wirkungen ihrer neuen Macht zurück lassen wollten.

Ein alter König in Arkadien hatte Wettspiele der Schönheit, aber nur für die Jünglinge, angeordnet; und der Tag dieser Wettspiele stand bevor.

»Warum schließen wir unsre Mädchen von einem Streit aus, der sie zum wenigsten so nahe angeht als uns?« – sagte *Damöt* zu seinen Landesleuten.

»Du hast recht«, antworteten die Arkadier: »die Mädchen sollen zu gleicher Zeit um den Preis der Schönheit streiten«, – »und aus des schönsten Jünglings Hand soll das schönste Mädchen einen Kranz von jungen Rosen, das Zeichen des Sieges, empfangen«, sprach *Damöt.*

Nichts konnte einfältiger sein als dieser Gedanke Damöts; und doch hatte ihn noch niemand gehabt. Sie wissen, Danae, daß dieses *die allgemeine Geschichte der Erfindungen* ist.

Aber auch *Damöt* würde ihn nicht gehabt haben. Die *Grazien* waren es, die ihn unbemerkt auf seine Lippen legten; und die *Grazien* waren es, welche die Arkadier so bereit und einstimmig machten, ihn auszuführen.

Die Nachricht von diesen neuen Wettspielen weckte die Arkadischen Schönen auf einmal wie aus einem tiefen Schlummer auf.

Bisher waren sie, wie *Winckelmann* von der *Diana* sagt, schön gewesen ohne sich ihrer Reizungen bewußt zu sein: oder, noch richtiger zu reden, ihre Schönheit *hatte noch* keine Reizungen.

> Wenn, wie es oft geschah, an Festen zum Exempel,
> In einem heilgen Hain (denn Tempel

Gabs nicht in diesem Schäferland)
Die schöne Welt sich bei einander fand,
Stieg unter hunderten nicht Einer jungen Dirne
Der Einfall auf: Gefall ich oder nicht?
Gefiel sie – gut! so hatt ihr fein Gesicht,
Der rote Mund, die weiße freie Stirne,
Die schöne Brust, dies oder das, daran
Die Schuld; *sie* hatte selbst zur Sache nichts getan.
Die Mädchen wußten nicht, daß große schwarze Augen
Zu etwas mehr, als in die Welt hinaus
Einfältiglich dadurch zu gucken, taugen;
Nicht, wie man einen Blumenstrauß
Mit Vorteil an den Busen stecket,
Damit, durch eine kleine List,
Die Hälfte, die er nicht bedecket,
Mehr als das Ganze ist

[4].

Aber nun gingen ihnen plötzlich die Augen auf. Der Wunsch zu gefallen hob jeden Busen und strahlte aus jedem Auge. Einzeln schlichen sie sich itzt in stille Gebüsche, an überschattete Bäche, oder in Grotten, wo herab murmelnde Quellen in spiegelhelle Brunnen sich sammelten. Dort beschauten sie sich selbst, dort schminkten sie sich, wie *Hagedorns* ländliche Dirne, aus der silbernen Quelle, und versuchten, wie sie den Blumenkranz aufsetzen wollten, damit er ihnen am besten lasse, und überlegten, wie sie mit guter Art *diese* Schönheit hervorstechen lassen, oder *jenen* Fehler verbergen könnten.

Unter allen diesen Schäferinnen hatte keine mehr Anspruch an den Preis der Schönheit zu machen, als *Phyllis*, eine junge Unempfindliche, welche das Vergnügen zu gefallen weniger als irgend eine von ihren Gespielen zu kennen schien. Der junge *Daphnis*, so schön und blöde als Phyllis schön und unempfindlich, liebte sie. Schon

---

[4] Eine Anspielung auf den berühmten Vers des Hesiodus:
Νηπιοι ουδ' ισασιν οσω πλεον ημισυ παντος!
Die Toren, die nicht wissen, um wie viel die Hälfte mehr ist als das Ganze!
•
•

zwei Sommer schlich er ihr nach. Tausendmal hatte er sich ihr mit
dem Vorsatze genähert, seine Liebe zu entdecken; aber noch nie
hatte er den Mut in sich gefunden, ihn auszuführen.

> Oft hatte zwar sein Blick die kühne Tat gewagt,
> Oft Seufzer, Tränen oft, die ihm ins Auge drangen,
> Sein stummes Leiden ihr geklagt:
> Allein was konnte das bei einem Kind verfangen,
> Dem die Natur noch nichts für ihn gesagt?

Itzt wurde Phyllis von ihm überschlichen, da sie allein am Rand
einer Quelle saß.

> Sie saß auf Blumen und Moos
> In schönen Gedanken verloren.
> Ein frischer Rot, als Auroren
> In junger Rosen Schoß
> Entgegen glänzt, umzog ihr liebliches Gesicht.
> Sie schien zum ersten Mal zu fühlen,
> Und sah – ganz Auge – nicht
> Den Hirten; nein, die schönen Augen zielen
> Nach einem Ast, wo, unverhüllt
> Vom jungen Laub, zwei sanfte Täubchen spielen,
> Der schönen Liebe schönstes Bild!

Schon eine Weile stand der junge Hirt, die Augen an die ihrigen
geheftet, hinter dem leichten Gebüsche, und *Amor*, der unsichtbar
neben ihm schwebte, haucht' ihm Gedanken ein, über die er, als hätt
er gefühlt daß sie nicht sein eigen waren, sich zu verwundern
schien. »Itzt«, dacht er, »itzt,

> Da ihrer Wangen Glut, die wallende Bewegung
> Der sanften Brust, des Herzens innre Regung,
> Verrät; itzt da sie sich
> Betroffen fragt: Wie ist mir? Was bedeutet
> Der süße Schmerz, der mich
> Zu seufzen zwingt? – itzt, Daphnis, zeige dich!
> Itzt ist sie dich zu hören vorbereitet!«

Der junge Daphnis gab den geheimen Eingebungen des kleinen
Gottes nach. Aber seine Blödigkeit war zu groß, um auf einmal zu
weichen.

> Er tritt hervor, mit vieler Sorgfalt zwar,
> Damit sein Anblick sie zu sehr nicht überrasche;
> Er fingert lang' an seiner Schäfertasche,
> Stets lauter, sumst ein Lied, und hustet endlich gar.

Alles umsonst! In ihre Gedanken vertieft, sah und hörte die schöne Phyllis nichts.

Eine kleine Ungeduld wandelte den Sohn der Venus an. »Was
zögerst du?« flüstert' er ihm ein; »zu ihren Füßen wirf dich!« – Und,
mit einem kleinen Stoß, den ihm Amor gab, lag Daphnis, ohne
selbst zu wissen wie, zu ihren Füßen.

> Erschrocken schauert sie in sich hinein, will fliehn,
> Und bleibt im Fliehn am Boden kleben.
> Er klagt, und klagt so schön, daß ihn
> Zu hassen, klagt so schön, daß ihm nicht zu vergeben
> Nichts leichtes war. –

Pasithea, die jüngste von Amors Schwestern, war dem schwärmenden Bruder unsichtbar nachgefolgt. Und itzt, da, von Amorn
angetrieben, der schöne Hirt die Knie des bebenden Mädchens mit
zärtlichem Ungestüm umfaßte, itzt glaubte die Grazie, daß es Zeit
sei, ihrer ehemaligen Gespielin beizustehen. Von ihrem sanften
Anhauch glitschte eine zarte Flamme von schönem Unwillen aus
den seelenvollen Augen des Mädchens, die über ihr ganzes reizendes Gesicht einen höhern Glanz verbreitete. Mit dem Stolze der
Unschuld, aber mit bebender Hand, stieß sie den Jüngling zurück.
Denn beinahe in dem nämlichen Augenblicke zerfloß ihr kleiner
Unwille in Mitleiden und Liebe.

Amor schien alle seine Macht aufzubieten, um den jungen Hirten
verführerisch zu machen.

> Das Mädchen blickt erstaunt auf ihn,
> Und wundert sich, noch nie bemerkt zu haben

Wie schön er ist, wie seine Wangen blühn,
Die krausen Locken, schwarz wie Raben,
Und schwarz sein Aug, und seinem runden Kinn
Von Amorn selbst ein Grübchen eingegraben.
Wie viel, sonst ungesehn, sieht itzt die Schäferin!
Ihr Auge schmilzt in immer sanftre Blicke;
Es war des Hirten Schuld, wenn er von seinem Glücke
Die Zeugen nicht in ihnen schwimmen sah.
Unschlüssig zieht sie die Hand von seinem Kusse zurücke,
Und selbst ihr Weigern lächelt – *Ja!*

Noch niemals war eine Schäferin in Arkadien so reizend gewesen; und noch kein Schäfer hatte empfunden was der Jüngling empfand: die feurigste Liebe, von der zärtlichsten Ehrerbietung gefesselt. Unfähig, ihre liebenswürdige Schwachheit zu mißbrauchen, schien er keine größere Wonne zu wünschen, noch zu kennen,

Als einen Blick, der ihm Gefühl gestand,
Und einen Kuß auf ihre schöne Hand.

Ich habe nicht nötig, Ihnen zu sagen, Danae, daß man so liebt, wenn die Grazien mit Amorn die Herrschaft über unsre Herzen teilen.

»Endlich darf ich hoffen«, sagte Daphnis, »daß Amor durch meine geheimen Tränen, durch die verhehlten Schmerzen zweier trauriger Jahre versöhnt ist! Täuscht mich eine betrügliche Hoffnung, Phyllis? – O dann laß mich, süßer Gott der Liebe, laß mich nie aus diesem beglückenden Traum erwachen!«

Ein zärtlicher Blick und ein sanfter Druck seiner Hand gaben ihm die Antwort des gerührten Mädchens.

»Aber, ach! Phyllis, der morgende Tag! Alle unsre Jünglinge wirst du versammelt sehen. Alle werden nur *dir*, nur dir gefallen wollen. Wie liebenswürdig wird sie dies Verlangen machen! Was wird, ach Phyllis, was wird dann aus deinem Daphnis werden?«

»Und du, Daphnis, du wirst alle unsre Mädchen versammelt sehen. Jede wird sich selbst für die Schönste halten wenn sie *dir* gefällt, und jede wird es zu sein wünschen, und Amorn heimlich Gelübde tun. Ich werde mich schüchtern hinter sie verbergen, und nicht Mut haben die Augen aufzuheben. Daphnis! werden dann die deinigen mich suchen, und, wenn sie mich gefunden haben, mir sagen daß du mich noch liebest?«

Die Antwort eines zärtlichen Liebhabers auf einen solchen Zweifel ist etwas zu bekanntes, Danae, als daß ich Sie damit aufhalten sollte.

Der gewünschte und gefürchtete Morgen war nun gekommen. Die Jünglinge und die Alten versammelten sich am Fuß eines Hügels, der in sanften Stufen wie ein Amphitheater sich erhob, oben mit hohen Bäumen bekränzt, hinter welchen die aufgehende Sonne hervor brach. Sechs alte Arkadier, deren geübtes Auge noch scharf genug sah, jede Schönheit zu fühlen und keinen Fehler unbemerkt zu lassen, nahmen als Richter ihren Platz; und die Jünglinge begannen den Streit mit einem bewaffneten Reihentanze. Sie tanzten um die Bildsäule des schönen *Hyacinth*, des Amykliden, welchen Apollo geliebt hatte; ein Werk alter Kunst, aber schön genug, um das Modell einer tadellosen männlichen Schönheit zu sein. Selbst ein *Phidias* oder *Polyklet* konnte sich nur den Apollo unter den Musen, oder den jungen Bacchus schöner denken.

Kaum war der Tanz mit einem Lobgesang auf den Delphischen Gott und seinen Liebling geendiget, so sah man diese schöne Jugend in die Wette sich entwaffnen und entkleiden; jeder begierig, durch seine Eilfertigkeit zu zeigen, daß er keine Ursache habe, das strenge Auge der Richter zu scheuen. Ein schöner Anblick unverdorbener Natur und blühender ungeschwächter Jugend, in welcher der schöne Umriß des jugendlichen Alters, mit den Merkmalen der Stärke vereinbart, und erhoben durch den warmen Glanz einer von frischen Rosen durchglühten Weiße, das beobachtende Auge so angenehm rührte, daß es schwer war, kalt genug zu bleiben, um Mängel in einzelnen Formen oder Teilen zu entdecken.

Neue Tänze, mit Wettspielen im Ringen und Laufen und allen andern Übungen abgewechselt, welche geschickt sind die Eigenschaften einer schönen Bildung zu entwickeln, gaben den Richtern Gelegenheit ihr Urteil festzusetzen; und oft waren kleine Ausrufungen, welche der Anblick einer vorzüglich schönen Stellung ihrem richterlichen Kaltsinn abnötigte, die Vorboten des Ausspruchs, der auf ihren Lippen schwebte.

Die Gewohnheit befahl, aus allen diesen Nebenbuhlern um den Preis *Vier* zu erwählen, welche für die Würdigsten geachtet wurden, um den Vorzug zu streiten, wer unter ihnen dem Liebling des Apollo am nächsten komme. Alles was diese Vier zu tun hatten, war, sich zwei und zwei zu beiden Seiten seiner Bildsäule in der nämlichen Stellung den Augen der Richter unbeweglich darzustellen.

Die Stimmen wurden gesammelt, und *Daphnis* erhielt den Preis.

Der errötende Jüngling wurde gekrönt; und so groß war bei diesem glücklichen Volke die Liebe der Schönheit, daß unter allen Besiegten nicht Einer war, der sich durch den Vorzug des Siegers für beleidigt gehalten hätte. Ein lautes Freudengeschrei rief seinen Namen aus, und der Widerhall brachte ihn bis in die Gegend, wo, durch einen den Nymphen geheiligten Hain abgesondert, die Mädchen unter der Aufsicht ihrer Mütter versammelt waren, um einen Preis zu streiten, den jede wünschte, und keine zu verdienen hoffte.

> Verteilt in kleine Gruppen, stunden
> Die holden Mädchen schüchtern da,
> Und unter so vielen ward keine gefunden,
> Die nicht von jeder Gespielin sich übertroffen sah.

Ein leichtes weißes Gewand,
Mit künstlichen Blumen bemalet
Von ihrer eigenen Hand,
Schien um sie her zu weben,
Und stahl dem Auge nicht den lieblichen Kontur.
Es glich dem Schatten nur,
Wodurch die *Apellen* den Reiz der schönsten Teile heben,
Und Feuer und täuschendes Licht dem schönern Ganzen geben.
Ein Teil der Locken floß
Die schönen Schultern herab, ein Teil war aufgewunden,
Der Busen halb verhüllt, die schönen Arme bloß,
Und, nymphenmäßig, ein Teil der Kleidung aufgebunden.

Unter die übrigen Schäferinnen hatten sich auch die *Grazien* gemischt, aber, um noch unerkannt zu bleiben, in ihrer vorigen Gestalt und Tracht; welche gleichwohl nicht verhindern konnte, daß nicht ein Schimmer von Göttlichkeit, und der unbeschreibliche Reiz der ihr ganzes Wesen ausmacht, alle Augen mit stiller Bewunderung auf sie geheftet hätten. »Wie reizend die Töchter der Lycänion sind!« sagte eine zur andern – »mich deucht, daß ich sie nie so schön gesehen habe.« – »Kannst du glauben, *Ägle*, daß du mir in

diesem Augenblick schöner vorkamst, da dich *Thalia* anlächelte?« –
»Für wen werden unsre Hirten Augen haben als für sie?«

»Ich fühl es, (sagte *Phyllis* zu *Aglajen*, und umarmte sie) ich fühl
es, indem ich dich ansehe, nur die Göttin der Liebe könnte dir den
Preis zweifelhaft machen; und doch kann ich nicht satt werden, dich
anzusehen, und das Vergnügen, das ich dabei empfinde, wird
durch keine Unlust, übertroffen zu sein, beschattet. Umarme mich,
liebenswürdige Aglaja! Sage mir, du liebest mich wie ich dich lie-
be!«

Aglaja umarmte sie, und heftete einen Blick auf sie, aus welchem
die Grazie ganz hervor glänzte.

»Welch ein Blick war dies!« – rief die junge Schäferin mit dem
Ausdruck eines süßen Erstaunens im Gesicht und im Ton ihrer
Stimme. »Aber – ach! was wird aus deiner armen Phyllis werden?«

»Was fürchtest du, meine Liebe?«

»Ich fürchte *dich,* und in eben dem Augenblick fühl ich, daß ich
dich unaussprechlich liebe.«

»Was für eine Sprache, meine Freundin! Du fürchtest mich?«

»Ach, Aglaja! Ich will dir meine ganze Schwachheit gestehen!
dein Anblick läßt keinem Mißtrauen, keiner Zurückhaltung Platz. –
Ich liebe« – sagte das errötende Mädchen, indem sie ihr Gesicht in
dem Busen der *Grazie* verbarg.

»Und wie sollte dich der nicht wieder lieben, den du liebest?«

»Er liebte mich, Aglaja; ich bin es gewiß, er liebte mich. Aber
wenn er *dich* sehen wird! – Ach, liebste Freundin, ich fühl es voraus,
ich werde unglücklich sein; und doch kann ich dich nicht weniger
lieben! Er wird dich sehen, und beim ersten Blick vergessen daß
eine Phyllis ist die er liebte, und die ihr allzu weiches Herz gegen
seine Tränen nicht verhärten konnte. Und – auch du, Aglaja, auch
du wirst ihn lieben! Wie solltest du nicht? Er ist der schönste, der
sanfteste unter allen Hirten!«

»Fürchte nichts, liebe Phyllis!« sagte die Grazie; »wenn ich auch
so gefährlich wäre als die Furchtsamkeit der Liebe dich bereden
will, *deinem* Hirten werd ich, so bald er *dich* ansieht, nur ein ge-

wöhnliches Mädchen sein. In den Augen der Liebe ist nur das Geliebte schön.«

»Vergib mir, liebste Freundin; mein eignes Herz sagt mir – und ich bin doch ein Mädchen – was das seinige fühlen wird, wenn du ihn mit einem solchen Blick ansehen würdest, wie du mich itzt ansahest. Verachte mich nicht daß ich so schwach bin, beste Aglaja! aber – wenn ich dich etwas bitten dürfte –«

»Alles, was das Herz meiner sanften Gespielin beruhigen kann!«

»Ach! es war eine alberne Bitte. Du kannst sie mir nicht gewähren. Nicht so reizend zu sein, wollt ich dich bitten, nicht so sehr einnehmend, so sehr rührend zu sein, wie du bist. Aber wie könntest du?«

»Sei ruhig, liebe Phyllis! – Sie kommen. – Besorge nichts! Bald wirst du sehen wie vergeblich deine Sorge war.« – Hier entschlüpfte die *Grazie* aus ihren Armen.

Musik und Gesänge verkündigten die Ankunft der Hirten. Mit Rosen bekränzt, kam der schöne Daphnis, gleich dem Apollo, wenn er, die goldne Leier in der Hand, vom Pindus herab steigt; von der blühenden Schar der Jünglinge begleitet, kam er den sanften Hügel herab, der in die Ebne hinab führte, wo die Mädchen versammelt waren.

In einem weiten Kreise setzten sich die Väter und die Mütter paarweise auf der Anhöhe, welche die Wiese wie ein halber Mond umgab.

Die Jünglinge standen oder saßen am Fuße des Hügels; der schöne *Daphnis* in ihrer Mitte, den Kranz von Rosen in der Hand, der das schönste Mädchen krönen sollte; und die drei Jünglinge, die schönsten nach ihm, an seiner Seite.

Es war verordnet, daß diese drei eben so viele unter den Mädchen auswählen sollten, und zwischen den Ausgewählten sollte Daphnis den Ausspruch tun. Denn der selbst Schöne ist, wie Jupiter beim *Lucian* sagt, der natürliche Richter der Schönheit. Diejenige, welcher er den Kranz um die Stirne legen würde, sollte für die Schönste erkannt werden.

Der Herold rief eine allgemeine Stille aus, und nun begann der Tanz der Schäferinnen.

»Und die Grazien tanzten mit?« fragen Sie, Danae. Ja, sie tanzten mit.

»Die armen Schäferinnen! Der Streit war gar zu ungleich! Was für Ehre konnt es den Grazien machen, sterbliche Mädchen, einfältige Arkadische Schäferinnen auszulöschen?«

Sie irren sich, Danae; das taten die Grazien nicht. Sie bewiesen ihr Dasein vielmehr durch die Reizungen, welche sie *mitteilten*, als durch ihre eigenen. Sie dachten weniger daran selbst zu gefallen, als zu machen daß ihre Gespielen gefallen mußten.

Eine unruhige Bestrebung gefallen zu wollen, ist das sicherste Mittel seines Zweckes zu verfehlen.

Durch den geheimen Einfluß der Grazien ergoß sich ein allgemeiner Geist von Wohlwollen und sanfter Fröhlichkeit über diese jungen Schönen aus. Ohne Eifersucht, ohne Begierde vor andern bemerkt zu werden, schien eine jede stolzer auf die Reizungen ihrer Gespielen als auf ihre eigenen zu sein.

Gestehen Sie, Danae, daß die Grazien hier ein Wunder wirkten!

Ihr Tanz schien die unvorbereitete Eingebung einer naiven Freude, welche ihren Füßen und Armen Seelen gab, oder vielmehr durch alle ihre Bewegungen Eine gemeinschaftliche Seele hauchte.

> So tanzen, umschattet von flatternder *Gaze*,
> Am Fuße des Cynthus, auf kurzem, samtnem Grase,
>> Die Nymphen um ihre Gebieterin her;
>> So sieht der alte Vater *Homer*
> Latonens Tochter, mit euch, ihr *Charitinnen*,
>> Und mit den *Musen* im Delphischen Hain
> Zum schönsten Gesang den schönsten Reigen beginnen.

Die Einbildung konnte sich nichts angenehmere dichten, als dieses Schauspiel war.

> Die Augen schwammen ergetzt, befriedigt, trunken von Lust,
> Auf schönen Formen dahin, vergaßen sich im Schauen,

Und irrten von Reiz zu Reiz, von schwarzen Augen zu blauen,
Und von der reifen Brust,
Die, vollen Trauben gleich, zum Pflücken winkt,
Zu jener hin, die, wie ein Lilienbeet,
Von Amors Hauch zum ersten Mal gebläht,
In schönen Wellen steigt und sinkt.

Bei solchen Szenen wars, wo in den goldnen Zeiten
Der *Kunst* (die itzt aus Schutt sich Muster graben muß)
Den *Zeuxis* und *Parrhasius*
Die schöne Menschheit sich von ihren schönsten Seiten
Zu sehen gab. Hier füllten sie
Das Magazin der Phantasie
Mit Stoff zu Göttern an, und hatten nur zu wählen,
Den Bienen gleich, die auf der bunten Flur
Den schönsten Blumen nur die süße Beute stehlen.
Hier lernten sie der willigen Natur
Das *Handwerk* nicht, ihr ängstlich *nachzuäffen,*
Nein! das *Geheimnis* ab, sie selbst zu *übertreffen.*

Die *Grazien* hatten, wie gesagt, alle Vorsicht angewandt ihre Gottheit zu verbergen; aber die Verkleidung in Schäferinnen konnte nicht verhindern, daß sie nicht noch immer die reizendsten unter allen ihren Gespielen schienen. Sie würden es

Selbst in dem Gotischen Wulst
Der Dame Quintagnone

geblieben sein. Was Wunder also, daß, wie es nun dazu kam, daß die erste Wahl geschehen sollte, die drei Jünglinge in Einem Augenblick einig waren, *Lycänions Töchter* auszurufen? Jedermann billigte diese Wahl mit sanftem Händeklatschen; und unter so vielen Müttern, welche zugegen waren, fand sich nicht Eine, welche den Vorzug, der Lycänions Töchtern vor ihren eigenen gegeben wurde, nicht mit Vergnügen anerkannt hätte.

Nur *Daphnis*, welcher itzt unter diesen Dreien die Schönste krönen sollte, Daphnis allein stand in unschlüssiger Verwirrung da, und suchte mit Augen voll Unruh – *seine Phyllis.*

Das arme Mädchen! Sie ward es nicht gewahr; woher hätte sie den Mut, die Augen aufzuheben, nehmen sollen? Sie hatte keinen Wunsch, die Schönste zu sein, als in ihres Daphnis Augen. Aber, wie konnte sie dies hoffen, da er Lycänions Töchter, da er *Aglajen*, von lauter Reizen schimmernd, vor sich sah?

Lange hatte Daphnis gezögert; alle Augen waren auf ihn geheftet, und die Erwartung schwebte auf den halb geöffneten Lippen. Endlich trat er hervor. »Wie schön seid ihr, holde Schwestern!« sprach er zu den *Grazien* – »wahrlich, je mehr ich euch betrachte, keinen sterblichen Mädchen gleich! Es ist unmöglich, unter euch zu wählen. Aber – vergebet mir, wenn mich Amor gegen eure Vorzüge ungerecht macht!«

Hier sah er sich wieder nach *Phyllis* um. Dieses Mal begegnete sein Blick dem ihrigen, und o! wie viel Liebe, welche rührende Angst las er in ihren Augen! In jedem glänzte eine zurück gehaltene Träne. Wär er auch unentschlossen gewesen, so hätte ihn dieser Anblick fähig gemacht, sich dem Zorne der Venus selbst um ihrentwillen auszusetzen.

»Vergebet mir, schöne Schwestern«, rief er, »und ihr Schäferinnen alle, deren jede wert ist, von Amorn gekrönt zu werden – Ich liebe – und wie sollte sie, die ich liebe, nicht die Schönste in meinen Augen sein?« – Mit diesen Worten flog er der errötenden *Phyllis* zu, und wollte den Kranz auf ihre Stirne setzen. In Freudentränen verwandelt, schlichen die Tränen, die in ihren Augen standen, die glühenden Wangen herab. – »Nein, Daphnis«, sprach sie, »dies ist zu viel! Dein Herz, ja, dies verdien ich, und dies ist alles, was ich wünsche. Der Kranz gehört *Aglajen* zu!«

Allgemeine Aufmerksamkeit war auf diese Szene geheftet; aber bald wurde sie von einem unerwarteten Wunder verschlungen.

Amor zeigte sich auf einer goldnen Wolke, von Zephyrn getragen; Gerüche von Ambrosia walleten, wie leichte Nebel, von ihr herab. Der irdische Schleier, den die Grazien um sich geworfen hatten, fiel von ihnen ab. Leicht schwebend erhoben sie sich in ihrer eigenen Gestalt, wahre Göttinnen, vom Boden zu Amorn auf.

Süßes Schrecken und allgemeines Entzücken kam über die ganze Versammlung. Daphnis und Phyllis warfen sich zur Erde. Der be-

bende Jüngling wollte reden – aber *Amor* unterbrach ihn, mit Worten von deren Ton die Herzen schmolzen: »Du hast meine Macht vor dieser ganzen Versammlung gerechtfertigt, junger Hirt! Du verdienst glücklich zu sein: und wenn alle Gaben, welche Amor und seine Schwestern über Liebende auszugießen vermögen, euer Glück vollkommen machen können, so soll euch nichts zu wünschen übrig bleiben. – Und ihr, Jünglinge und Mädchen, höret *Amors Gesetz!* Vergebens würd es sein, künftig um den Preis der Schönheit zu streiten. Jede Schäferin sei zufrieden, in den Augen ihres Hirten die Schönste zu sein!«

Amor hatte noch nicht ausgeredet, als plötzlich ein kleiner Hain voll aufblühender Rosen unter ihm empor stieg. Alle Jünglinge liefen hinzu, und pflückten Rosen, und jeder kränzte die Haare seines Mädchens.

»Und nun«, rief *Aglaja,* an die Arme ihrer schönen Schwestern angeschlungen, mit dem Lächeln und der Stimme der schönsten unter den *Grazien* herab, »höret auch mich, ihr, einst meine holden Gespielen! Niemals werden euch die Grazien verlassen! Oft werden wir an Sommerabenden uns in eure frohen Tänze mischen; zwar euern Augen unsichtbar; aber an einem sanften Beben der Brust, an einem höhern Gefühl der seligen Triebe der Liebe, und des Vergnügens einander glücklich zu sehen, werdet ihr unsre Gegenwart erkennen! Feiert, Töchter Arkadiens, künftig diesen Tag! Er sei einem Wettstreit in jeder weiblichen Tugend heilig! Und nur diejenige, welche die *Beste* ist, erhalte den *Preis der Schönheit!*«

Auf einmal entzog sich das himmlische Gesicht den entzückten Augen, die noch lange weit offen empor schauten, seine Spuren in der ambrosischen Luft zu suchen. Überall wuchsen Rosengebüsche, wo der Fuß der Grazien den Boden berührt hatte, und Myrtenhecken und Lauben von Jasmin schnell empor. In dieser Gegend, die ein andres Paphos schien, richteten die Arkadier den Grazien einen Altar auf. Freude, und Eintracht und Liebe und Unschuld herrschten unter diesen Glücklichen, so lange sie sich des Schutzes der Liebenswürdigsten unter den Unsterblichen würdig erhielten; und so oft die Rosen blühten, wurde das *Fest der Grazien* gefeiert.

Fünftes Buch

Ohne den Beistand der Charitinnen ist die Schönheit was *Pygmalions* idealisches Bild war, eh es zu atmen und zu empfinden anfing. Alles was sie für sich allein tun kann, ist, den Wunsch *sie beseelt zu sehen* einzuflößen. Wenn man dies Liebe nennen will, so mag es immer Liebe sein. Aber was ist dies gegen jene unbeschreibliche Süßigkeit, womit die *Grazie* sich in die Herzen hinein schmeichelt, gegen jene geistigen, unauflöslichen Fesseln, mit denen sie die Seelen an sich zieht, jenen unbegreiflichen Zauber, dessen Quelle und seltsame Wirkungen der reizend schwärmende *Petrarca* aus seiner Erfahrung so unübertrefflich besungen hat?

War es etwa die körperliche Schönheit seiner geliebten *Feindin* (wie er seine *Laura* zu nennen pflegt), oder waren es nicht

5

5

Tanta negli occhi bei fuor di misura
Par ch' Amore e dolcezza e grazia piova.
●

● Son. 121.
●

●   Riso
Da far inamorar un uom selvaggio.
●

● Son. 207.
●

● Pace tranquilla senz' alcuno affanno,
Simile a quella, ch' è nel Ciel eterna,
Muove dal lor inamorato riso.
●

● Canz. 20.
●

● Quel vago impallidir, che'l dolce riso
D'un' amorosa nebbia ricoperse.
●

● Son. 98.
●

● Non era l'andar suo cosa mortale,
Ma d'angelica forma, e le parole
Suonavan altro che par voce umana.

diese Augen, aus denen Amor Süßigkeit und Anmut ohne
Maß zu regnen schien; – war es nicht dieses Lächeln, welches
einen Wilden hätte in Liebe zerschmelzen können, – aus welchem eine selige Ruhe, die keinem Schmerze Raum ließ, derjenigen ähnlich, die man im Himmel genießt, in die Seele
herab stieg; – dieses reizende Erblassen, welches (beim Anblick seiner Qual) ihr süßes Lächeln mit einer verliebten
Wolke bedeckte; – dieser Gang, nicht der Gang einer Sterblichen, sondern eines himmlischen Wesens, und diese Worte,
in deren Klang eine mehr als menschliche Lieblichkeit war, –
mit Einem Worte, war es nicht diese (in dem süßen Irrtum
eines Verliebten) ihr allein eigene und sonst nie gesehene
Anmut,

was die schöne Seele dieses *Platons der Dichter* in einen so außerordentlichen, so ekstatischen Zustand setzte, daß er Dinge fühlte und
phantasierte und sang und tat, die, vor ihm, in kein menschliches
Herz gekommen waren, und, nach ihm, nur der kleinen Zahl empfindungsvoller Seelen, die jemals etwas ähnliches erfahren haben,
verständlich sein können?[6]

Sie kennen die Lieder dieses liebenswürdigen Schwärmers zu
gut, schöne Danae, daß Ihnen nicht zwanzig andere Stellen beifallen
sollten, welche dieses bestätigen. Es ist wahr, er spricht an mehr als
Einem Orte von der körperlichen Schönheit seiner Geliebten mit
genugsamer Empfindung, um das Lächerliche einer bloß intellektualen Leidenschaft zu vermeiden. Aber nur die *Schönheit ihrer Seele*,
und *die Grazien*, die diese über alles was sie sagt und tut ausgießt,
sind (wie er sich ausdrückt) *die Zauberer, die ihn verwandelt haben.*

•

• Son. 69.

•

• Leggiadria singolare e pellegrina.

•

• Son. 178.

•

•

[6] Beweise hiervon finden sich vornehmlich in den Canzonen 18, 19, 20, 27, 30, 31,
35, und in den Sonetten 84, 123, 134, 142, 143.

Die Mutter der Liebe und der Grazien, Sie, in welcher die Griechischen Musen den höchsten Begriff der Schönheit zu verkörpern gesucht haben, läßt sich zwar nicht ohne *eigentümlichen Reiz* denken: aber es ist dieser *hohe Reiz*, der (wie unser *Winckelmann* sagt) mehr mit den Augen des Verstandes unmittelbar erblickt, als durch Hülfe der Sinne empfunden werden kann.

»Wissen Sie auch, mein Herr, daß Sie und Ihr Winckelmann wirklich ein wenig schwärmen, um nicht ein härteres Wort zu gebrauchen? – Ein *Reiz*, der an einer *körperlichen* Gestalt – idealisch oder nicht – mit dem *Verstande unmittelbar* erblickt werden soll, welch eine Forderung! Und wie sollen wir uns überreden lassen, Ihnen ein solches Anschauungsvermögen zuzugestehen, mit dessen Hülfe Sie in jedem Gegenstande sehen könnten was Sie wollten, ohne daß uns andern Sterblichen erlaubt wäre, mit Beihülfe der Augen unsers Leibes zu untersuchen, ob die Augen Ihres Verstandes recht gesehen hätten?«

Soll ich Ihnen die Wahrheit gestehen, Danae? Ich besorge selbst Sie haben recht. Aber es gibt Augenblicke, wo ich diese *hohe unkörperliche Grazie* (welche, wenn ich nicht irre, *Winckelmann* zuerst von den Grazien im gewöhnlichen Verstande unterschieden hat) wirklich zu empfinden glaube. Diese Empfindung ist so fein, so geistig, daß sie mich vielleicht betrügen könnte: aber ich kann doch, alles wohl überlegt, selbst dem bescheidenen Geiste des Zweifels, den ich aus der Sokratischen Schule geerbt habe, nicht so viel einräumen, daß ich seinen Bedenklichkeiten die Gewißheit meiner Empfindung aufopfern sollte.

Doch dem mag sein wie Sie wollen; dies wenigstens geben alle, von denen wir unsre Nachrichten aus der Götterwelt empfangen, zu, daß *Venus* die Grazien von dem Augenblicke an, da Amor sie

---

Grazie ch'a pochi il Ciel largo destina, etc.
Da questi Magi transformato fui.
●

● Son. 178.
●

●

nach Paphos brachte, zu ihren vertrautesten und unzertrennlichsten Begleiterinnen gemacht habe. Nicht aus einem geheimen Mißtrauen in sich selbst (erlauben Sie mir, Danae, auf einen Augenblick diesen Rückfall in meine Grille), sondern um sich zu der Fähigkeit sinnlicher Wesen herab zu lassen, bediente sie sich der Hülfe der Grazien, wenn sie sterblichen Augen sichtbar werden wollte. Von den Grazien gebadet, und mit Ambrosia gesalbt und ausgeschmückt, und mit dem berühmten Gürtel umgeben, in welchen von den Händen ihrer lieblichen Töchter jeder anziehende Reiz, und zärtliches Verlangen, und das süße Liebkosen, das den Weisen selbst das Herz nimmt[8] , eingewebt war, ging sie, sich dem Urteil des Paris auf Ida auszustellen, ihres Sieges über die Schönsten unter den Göttinnen gewiß; – und an die Grazien angelehnt stand sie, als *Adonis* zum ersten Mal in den reizenden Gebüschen sie erblickte, welche in spätern Zeiten unter dem Namen *Daphne* den Göttern der Freude und den Musen gewidmet wurden.

> Unwiderstehlich schön stand sie in Rosenschatten
> An ihre Grazien gelehnt,
> Und, Lilien gleich, die sich mit Veilchen gatten,
> Durch sanftern Reiz verschönt.
> Er blieb, in himmlischer Wonne verloren,
> Schwebend, sprachlos, halb vergöttert stehn;
> Denn seitdem das Meer die Lust der Welt geboren,
> Hatte noch kein Gott so reizend sie gesehn.

Auch in den Olympus begleiteten die Grazien ihre Mutter, und nun konnte kein Götterfest ohne ihre Gegenwart mehr vollkommen sein[9] . Die Götter selbst, deren Sitten uns Homer nicht immer so fein und poliert vorstellt als man von Göttern billig erwarten sollte, änderten sich durch den geheimen Einfluß der Charitinnen gar sehr zu ihrem Vorteile. Sie brachen nicht mehr in ein unauslöschliches Gelächter aus, wenn der ehrliche hinkende Vulkan, um einem Hader zwischen seinem Vater und seiner Mutter ein Ende zu machen, mit wohl gemeinter, wiewohl possierlicher Geschäftigkeit die Stelle

---

[8] Iliad. XIV. 215, 16, 17.

[9] Pindar. Olymp. XIV.

des Mundschenken vertrat[10] ; und Jupiter drohte seiner Gemahlin nicht mehr, daß er ihr Schläge geben[11] , oder sie, mit einem Amboß an jedem Fuße, zwischen den Wolken aufhängen wollte[12] . *Juno* wurde die angenehmste Frau, *Jupiter* der gefälligste Ehemann, und die Götter überhaupt die beste Gesellschaft von der Welt.

> *Minerva*, welche sonst die Philosophin machte,
> Und, wenn die ganze unsterbliche Schar
> Bis auf den *Momus* selbst bei guter Laune war,
> In einem Winkel saß und Hypothesen erdachte,
> Ließ itzt zuweilen doch der hohen Stirne Ruh,
> Und sah dem Tanz der Musen und Grazien zu.
> Die alte *Vesta* sogar, die (wie Homer erzählet)
> Den edeln Jungfernstand
> Zu ihrem Teil erwählet,
> Und sonst an jedem Spiel viel ärgerliches fand,
> Soll mit den Grazien, und mit Amorn und dem Knaben
> Den Jupiter Sokratisch liebt und küßt,
> Oft blinde Kuh gespielet haben;
> Ein Spiel, das in der Tat die Unschuld selber ist.

Die Grazien sind lauter Gefälligkeit. Sollten sie nicht, um die Stirne der guten alten Vesta zu entrunzeln, sich auch zu Kinderspielen herunter lassen?

Die Sympathie, welche zwischen liebenswürdigen Wesen eine Freundschaft stiftet, die in ihrem ersten Augenblick alle Stärke eines reifen Alters hat, machte aus den *Musen*, den Töchtern Jupiters und der Harmonie, und aus den *Grazien* die vertraulichsten Gespielen. Die ersten konnten nicht anders als unendlich viel dabei gewinnen; ihre Ernsthaftigkeit hatte es wohl vonnöten, durch die Anmut der letztern gemildert zu werden.

Die Gesänge, welche sie ihren Günstlingen eingaben, hatten nun nicht bloß erhabene und die menschliche Schwachheit übersteigende Gegenstände, die Vermählung des *Chaos* mit der *alten Nacht*, den

---

[10] Iliad. I. 599.

[11] Iliad. I. 567. XV. 17.

[12] Iliad. XV. 18-21.

Ursprung der *Götter* und der *Welt* und die *Wanderungen* der *Seele*, zum Gegenstande: sie hielten es nun für ein edles, und wohltätigen Gottheiten sehr anständiges Geschäft, auch die *Freuden* der Sterblichen zu *verschönern.*

> Nicht den Orpheen nur, nicht nur den Amphionen,
> Auch den *Sapphos* und *Anakreonen*
> Hauchten sie, bei Lieb und süßem Wein,
> Unter Rosen sanfte Lieder ein.
> Wenn zwischen jungen Dirnen,
> Aus denen Freude glänzt,
> Die heiterste der Stirnen
> Mit Myrt und Ros umkränzt,
> Der alte *Tejer* scherzt' und lachte,
> Und fröhlich, wie Silen[13] , die Jugend neidisch machte:
> Warens oft die Grazien und Musen,
> Die mit freiem Haar und offnem Busen
> Hand in Hand um ihren lieben Alten
> Tanzten zu der goldnen Leier Klang,
> Und ihm jedes Lied mit einem Kuß vergalten,
> Das er Amorn und der Freude sang.

Selbst die *Muse der Philosophie* lernte den Grazien das Geheimnis ab, zu gleicher Zeit zu unterrichten und zu gefallen.

> Aus ihrer schönen Hand
> Empfingen die *Platon,* die *Humen*
> Und *Fontenellen* die Blumen,
> Womit sie den steinigen Pfad der fliehenden Wahrheit bestreun,
> Und, wenn sie erbitten sich läßt den Sterblichen sichtbar zu sein,
> Das leicht gewebte Gewand,
> Das unsrer Augen schont, und unter schlauer Zierde
> Nur das versteckt, was uns verblenden würde.

Vorzüglich waren die Grazien die Schutzgöttinnen der *Sokratischen Schule.* Schon in der ersten Blume seiner Jugend von ihnen begeistert, versuchte es *Sokrates* sie in Marmor zu bilden; und daß es

---

[13] Anakreon, Ode 38.

ihm gelungen sei, läßt sich daher vermuten, weil die Athener dieses einzige Werk seiner Kunst würdig fanden, ihm in dem Vorhof ihrer Burg einen Platz unter Meisterstücken zu geben. *Speusippus, Platons* Nachfolger, stellte die Grazien in dem Hörsaale auf, wo sie aus dem Munde seines Meisters gesprochen hatten. Und welchem Sterblichen sind sie jemals günstiger gewesen als dem liebenswürdigen *Xenophon*? ihm, der die wahren Züge der *sittlichen Grazie* in seinen Werken so vollkommen ausgedrückt, und in seinen *Gedanken* und *Empfindungen*, wie in seiner *Schreibart*, Wahrheit, Einfalt, und ungeschminkte Anmut so unverbesserlich vereiniget hat?

Den Grazien opferte bei den Griechen, wer gefallen wollte; und es war eine Zeit zu Athen, wo der *Staatsmann* und der *Feldherr* ihren Beistand eben so nötig hatten, als der geringste mechanische Künstler. Die Zauberei der Grazie, die über alles, was *Alcibiades* tat und sagte, ausgegossen war, gab seinen Fehlern selbst einen Reiz, der andrer Tugenden verdunkelte. Sollten wir uns wundern, daß durch ihren Einfluß eine *Aspasia* fähig wurde, Griechenland im *Perikles* zu *beherrschen*, und im *Sokrates* zu *unterrichten*? – Und wie liebenswürdig müßten wir uns (wenn eine strengere Sittenlehre über diesen Punkt uns gerecht zu sein erlaubte) diejenigen unter den Schönen des Sokratischen Jahrhunderts vorstellen, welche in einem besondern Verstande als Priesterinnen der Grazien angesehen wurden?

> Nur den *Phrynen*, den *Glyceren*
> Und *Laiden* konnt es zugehören,
> Euern *Orgien*[14]
> Würdig vorzustehn;
> Ihnen, die zu Amors Künsten allen
> Das Geheimnis, selbst den Weisen zu gefallen,
> Euch in Paphos abgesehn.

O Danae, welch ein Jahrhundert war diese in den Jahrbüchern der Menschheit ewig unvergeßliche Zeit von *Perikles* zu *Alexandern*! diese Zeit, von der man mehr als von irgend einer andern sagen kann, daß sie unter der Herrschaft der Grazien gestanden habe!

---

14 Die Grazien hatten zu Athen eine Art von geheimem festlichem Gottesdienste, welcher die Orgien der Charitinnen genannt wurde. Pausanias in Boeotic.

Da Philosophen, Künstler, Dichter,
Archonten, Priesterinnen, Richter[15] ,
Die Macht der Grazien empfanden,
Die Majestät im *Phidias,*
Den Reiz im *Kalamis* verstanden[16] ,
Geschmack mit jeder Lust verbanden,
Und Lust an allem Schönen fanden;
Da *Plato* denken, *Hippias*
Gefallen, *Lais* fühlen lehrte;
Da, wer kein Sklave war, die Kunst der Musen ehrte,
Der Philosoph mit kritischem Gefühl
Euphranorn malen sah, *Damone* singen hörte,
Und zwischen Scherz und Saitenspiel
Das Alter Munterkeit, die Jugend Weisheit lehrte[17] ;
Zevs-Perikles[18] mit gleicher Leichtigkeit
Von Arbeit zu Ergetzlichkeit
Und von *Aspasien* ins *Prytaneon*[19] kehrte,
(Denn alles Ding hat seine Zeit)
Und *Alcibiades,* wiewohl Gelegenheit
Ihn dann und wann zur Schelmerei verführte,
Im Rat *Ulyß, Achilles* in Gefahr,
Und *Paris* nur bei freien Schönen war,
Und, ob er Amorn gleich in seinem Schilde führte,
Die Feinde schlug wie sichs gebührte.

O goldne Zeit, da noch sich schwesterlich umfaßt
Die Grazien und Musen hielten;
Da Helden noch die sanfte Lyra spielten,

---

[15] Anspielungen auf die Priesterin, welche sich weigerte, dem Alcibiades zu
fluchen (s. Plutarch im Leben des Alcib.), und auf die Richter der schönen Phry-
ne. Der Kunstgriff, dessen sich ihr Verteidiger, Hyperides, bediente, ist zu be-
kannt, hier angeführt zu werden.

[16] Anspielung auf die Pallas des erstern, und auf die Sosandra des letztern,
wovon Lucian in dem Ideal einer vollkommnen Schönheit nachzusehen ist.

[17] S. Xenophons Gastmahl.

[18] Perikles wurde von den komischen Dichtern seiner Zeit häufig unter dem
Namen Jupiters, mit Beifügung eines spöttischen Beiworts, satirisiert.

[19] Das Rathaus zu Athen.

Da Helden noch den Wert des Sängers fühlten
Durch den Achilles lebt; da zwischen *Theophrast*
Und *Glycera* sich ein *Menander* bildte;
Da noch kein blöder Wahn vor einem *Alkamen*
Und *Zeuxis* die Natur verhüllte;
Da, ohne Neid, *Apelles*, *Protogen*
Freundschaftlich sich den Vorzug streitig machten,
Und, willig sein Verdienst dem andern zu gestehn,
Nur auf den Ruhm der Kunst bei ihrem Wettstreit dachten;
Und jener, dem die Grazien
Zuerst aus allen Sterblichen
Am blumichten Cephisen
Sich ohne Gürtel wiesen,
Auf dessen Werke sie den Reiz, der nie verblüht,
Mit ihren süßen Lippen hauchten,
In Amors Flamme selbst ihm diesen Pinsel tauchten,
Durch den *Cythere* sich der Flut entsteigen sieht,
Es wagen durfte, die Gunst der Grazien laut zu bekennen,
Und *ihren Maler* sich zu nennen.

Nur mit flüchtigen Zügen, schöne Danae – denn die Grazien hassen ein mühsames nach der Lampe riechendes Werk – hab ich Ihnen
den Einfluß dieser liebenswürdigen Gottheiten auf Wissenschaften,
Künste und Sitten entworfen. Aber noch weiter erstreckt sich ihre
Macht. Nicht nur das grenzenlose Reich der Einbildungskraft, nicht
nur das ganze Gebiet der Freude, – die *Tugend* selbst steht unter
ihrer Herrschaft. Die *Epaminondas* und die *Scipionen* opferten ihnen
nicht weniger, als die *Menander* und *Aristippe*. Auch den Handlungen, dem Charakter und dem Leben eines *weisen und guten Mannes* –
welches (wie Sokrates zu sagen pflegte) gleich einem vollkommnen
Gemälde ein *schönes Ganzes* sein muß – müssen die Grazien dieses
Ansehen von zwangloser Leichtigkeit, diesen *Glanz der Vollendung*
geben, der sie mehr zu Geschenken der Natur als zu Werken der
Kunst zu machen scheint.

Diese Grazie war es, die der Tugend des *Cato* von Utica fehlte;
und bloß die Abwesenheit derselben ist, was so vielen andern vermeinten Tugenden ein widriges, die Herzen zurück stoßendes Ansehen gibt. Nur unter den Händen der Grazien verliert die *Weisheit*

und die *Tugend* der Sterblichen das Übertriebene und Aufgedunse-
ne, das Herbe, Steife, und Eckige, welches eben so viele Fehler sind,
wodurch sie, nach dem moralischen Schönheitsmaß der Weisen,
aufhört Weisheit und Tugend zu sein.

Dies war es, was *Musarion* ihren Schüler lehren wollte; und sagen
Sie mir, Danae, wie war es möglich, sie nicht zu verstehen?

Sechstes Buch

Wie sehr man bei Ihnen auf seiner Hut sein muß, Danae! – Ich dachte nicht, daß Sie sich eines Ausdrucks wieder erinnern sollten, der mir, ich weiß nicht wie, entschlüpft war; und nun glauben Sie sogar, ein Recht zu haben, mich, wie Sie sagen, zu Erfüllung meines Versprechens anzuhalten. – War es denn wirklich ein Versprechen? Ich sagte, *vielleicht* würd ich Ihnen in der Folge von den Grazien *Geheimnisse* verraten; und ohne für mein *Vielleicht* die mindeste Achtung zu haben, bestehen Sie darauf, daß ich Ihre Neugierde gereizt hätte. Es wäre sehr unhöflich, gefällt es Ihnen zu sagen, die Neugier eines Frauenzimmers rege zu machen, wenn man nicht gesonnen sei, oder sich nicht im Stande wisse, sie zu befriedigen.

In der Tat ist dies ein Grund, gegen den ich nicht sehe was man einwenden könnte. Ich kann nicht daran denken solche Vorwürfe von Ihnen zu verdienen: Sie sollen befriediget werden.

Göttinnen, in denen der höchste Grad des Reizes mit der ersten Blüte einer ewigen Jugend gepaart ist, die unter lauter Freuden, Scherzen und Liebesgöttern leben, und ihrer Natur nach lauter Gefälligkeit sind, – mit Einem Worte, die *Grazien*, wie sollten sie immer ohne kleine Anekdoten geblieben sein? Töchter des frohen Bacchus und der zärtlichen Cythere, müßten sie ganz aus der Art geschlagen sein, wenn sie unempfindlich gegen die Liebe sein könnten, die sie einflößen; und unter so vielen Göttern, Halbgöttern und Sterblichen, von denen sie jemals geliebt wurden, sollten wohl alle, Alle, nicht Einen ausgenommen, nur *Platonische* Liebhaber gewesen sein? – Es ist nicht wahrscheinlich!

Gleichwohl habe ich die gemeine Meinung und das Zeugnis einer unendlichen Menge von Schriftstellern vor mir, wenn ich Ihnen versichre, daß die Grazien – die unschuldigsten unter allen Göttinnen sind.

Es ist wahr, der jungfräuliche Stand, der ihnen gewöhnlich beigelegt wird, ist für sich allein nicht hinlänglich, sie gegen schalkhafte Vermutungen völlig sicher zu stellen. Auch *Minerva* hatte ihr Abenteuer mit dem hinkenden *Vulkan*; *Luna* das ihrige mit dem schönen *Endymion*; die schöne *Io*, *Kallisto*, *Europa* und zwanzig andre die ihrigen, die den reizenden Stoff der Maler und Dichter vermehren. Und erzählt uns nicht *Ovid*, wie wenig es gefehlt hätte, daß sogar die ehrwürdige *Vesta* von dem gefährlichsten Liebhaber, den eine Spröde haben kann, überrascht worden wäre[20] ? Überdies find ich nirgends, daß uns die geheimen Geschichtschreiber der Götter eine hinlängliche Nachricht geben, woher alle die kleinen *Amoretten* kommen, die in den Hainen von Paphos und Gnidos und Cythere, in größerer Anzahl als die Schmetterlinge in einem warmen Sommer, herum flattern. Der einzige *Claudian* (wenn ich nicht irre) begnügt sich, ihnen überhaupt die Nymphen zu Müttern zu geben

[21] . Sehen Sie, Danae, ob dieses genug ist, die Grazien frei zu sprechen, – wenn man anders Ursache haben könnte zu erröten, so lieblichen kleinen Göttern als die Amoretten sind, das Dasein gegeben zu haben. Doch, ich will Ihnen ohne Umschweife gestehen, was man sich am Hofe der Liebesgöttin in die Ohren geflüstert hat.

Erinnern Sie sich des reizenden Genius,

> – Halb Faun, halb Liebesgott,
> Der flatterhaft um alle Blumen scherzet,
> Um alle buhlt, doch nur die schönsten herzet,
> Und, daß sein kleines Horn die Nymphen nicht erschreckt,
> Es unter Rosen schlau versteckt.

Ein Dichter, den Sie kennen, malte *Hamiltons* Geist unter diesem Bilde ab: aber dieses Bild ist kein Geschöpf der Phantasie, wie Sie vielleicht dachten; wirklich findet sich unter den Paphischen Göttern einer, der das Urbild davon war.

---

[20] Fastor. VI. Est multi fabula plena joci, sagt er; und zu seiner Ehre müssen wir gestehen, daß er sie den Grazien selbst nicht anständiger hätte erzählen können.
[21]

Milie pharetrati ludunt in margine fratres,
Ore pares, aevo similes, gens mollis Amorum.
Hos Nymphae pariunt –
•

• De Nupt. Honorii et Mariae, v. 72.
•
•

Unter den jungen *Faunen*, welche die Spielgesellen der Amoretten sind, war einer,

> Der schönste kleine Faun,
> Der je, statt an der Brust, am Nektarschlauch gesogen;
> Ihm fehlten nur Flügel und Bogen,
> So glaubtet ihr, Amorn zu schaun.
> An einem Rosenzaun
> Ward einst um ihn ein Nymphchen vom Schlafe betrogen;
> Denn auch dem Schlaf ist nicht zu traun!

> Dem schönen kleinen Faun
> War alle Welt und Venus selbst gewogen;
> Gefällig erzogen die Nymphen zu Gnid
> Den holden Findling auf; er hüpfte, scherzt' und lachte
> Mit andern Amorn herum, und keine Seele dachte,
> Daß Art noch nie von Art sich schied.
> *Thalia* selbst, der Grazien munterste, machte
> Sich eine Freude daraus, so lang' er Knabe noch war,
> Den schönen jungen Wilden
> Zum Amor umzubilden,
> Sein kleines Horn zu vergülden,
> Und Rosen zu flechten ins lockige Haar.

Wer hätte dem kleinen Faun zugetraut, daß er fähig wäre, so viele Liebe mit – einer Art von Gegenliebe zu erwidern, welche, die Wahrheit zu sagen, der Natur eines Fauns so gemäß war, daß man sich vielmehr wundern sollte, wie man ihm weniger zutrauen konnte?

Ich weiß nicht, wie es kam; Göttinnen haben in gewissen Dingen besondre Vorrechte; man wurde nichts davon gewahr; – aber, ein allerliebstes kleines Geschöpf, in dessen Gestalt und Zügen ein seltsames Gemische von Leichtfertigkeit und Anmut seinen zweideutigen Ursprung verriet, kam auf einmal in den Hainen zu Gnid zum Vorschein. Mit süßer Bestürzung fand es *Pasithea*, da sie einst in einer Sommerlaube eingeschlafen war, beim Erwachen,

> So zärtlich und bekannt,

Als wären sie verwandt,
Auf ihrem Busen spielen,
Und mit der kleinen runden Hand
In seinen Rosen wühlen.

Efeugleiches krauses Haar umkränzte
Seine breite Stirn', im schwarzen Auge glänzte
Süßer Trotz; die *Mutter* tat der Mund,
Um und um von Reiz umflossen,
Hörnerchen, die aus den Locken sprossen,
Und der kühne Blick den *Vater* kund.

Mit tausend reizenden Grimassen
Stahl ins Herz der kleine Gott sich ein,
Und schien ganz ausgelassen
Vor Freude, da zu sein.

Der *schöne Faun* und ihre Schwester *Thalia* waren der erste Gedanke, den Pasithea hatte, da sie das kleine Mittelding von Faun und Grazie betrachtete. Sie eilte damit ihren Schwestern zu. Aber keine wollte wissen, woher er gekommen sein könnte. »Und doch«, sagte *Thalia* lächelnd, »sieht er so sehr in unser Geschlecht, daß man wetten sollte, eine von uns müßt ihm näher verwandt sein als sie gestehen will.«

Ein scherzhafter Streit erhob sich darüber unter den Grazien; eine schob ihn immer der andern zu, und machte gewisse Züge ausfündig, worin sie die eine oder die andre Schwester erkennen wollte. Ihr Lachen zog eine Menge von Amoretten und Nymphen herbei, die an dem kleinen Lustspiele Teil nahmen. Alle fanden den kleinen Gott unendlich liebenswürdig, aber keine wollte sich zu ihm bekennen. Sein Ursprung blieb eines von diesen Geheimnissen, die jedermann weiß, und niemand zu wissen scheint.

Die Zärtlichkeit, womit, da sie allein sich hielt,
Thalia den kleinen Faun, der kindlich nach ihr blickte,
An ihren Busen drückte,
Verriet sie einer Najade,
Die an des Cepheus Gestade
Zwischen den Binsen hervor geschielt.

Wollen Sie wissen, Danae, was aus diesem kleinen *Impromptu* der artigsten unter den Grazien geworden ist? Er wurde der Genius der *Sokratischen Ironie*, der *Horazischen Satire*, des *Lucianischen Spottes*.

> Er lehrte *Phänaretens* Sohn[22]
> Die Kunst, durch lauerndes Verstellen,
> Der Narren, die vor Weisheit schwellen,
> Der *Gorgiassen*, Stolz zu fällen;
> Und dich, *Horaz*, den eleganten Ton,
> Die Narren Roms, die *Nattas*, die *Metellen*,
> Die *Catius* und *Cupiennius*,
> Und zwanzig andre Narrn in us
> So fein zum Gegenstand von unserm Spott zu machen,
> Daß selbst der Tor, indem wir ihn belachen,
> Gern oder nicht uns lachen helfen muß.

> Den schönen Geistern neuer Zeiten
> Scheint er nicht minder hold zu sein.
> Er gab den *Lockenraub*, den frommen *Vert-vert* ein,
> Ließ *Manchas Helden* kühn mit Klappermühlen streiten,
> Den schönen *Fakardin* an Kristallinens Seiten,
> Ein Spinnrad in der Hand, im Schlafrock, unversehrt
> Durch funfzig Mohrensäbel schreiten,
> Und meinen lieben *Stern'* auf seinem Steckenpferd –
> *Poor Yorick!* – sich zu Tode reiten.

Doch, Sie erwarten nicht, Danae, daß ich Ihnen ein Verzeichnis seiner *Eingebungen* aufschreibe; Sie wollen noch mehr von den geheimen Geschichtchen der *Grazien* erfahren. – Allein, was könnte ich Ihnen, nach dem was Sie bereits wissen, noch Unterhaltendes davon sagen? Wenn sie deren noch mehr gehabt haben, so müssen sie vermutlich diesem ähnlich gewesen sein.

Doch etwas hätte ich beinahe vergessen, das Ihnen vermutlich unerwarteter ist, als alles andre was ich von meinen geliebten Göttinnen noch sagen könnte. Oder hätten Sie sich wohl vorgestellt, daß eine von den Grazien wirklich, in ganzem Ernste, verheiratet ist; so sehr in Ernste, daß Juno selbst die Ehestifterin war?

---

[22] Die Mutter des Sokrates hieß Phänarete.

»Verheiratet?« – Nicht anders. – *»Aber an wen?«* – O! gewiß, Sie würden alle möglichen Götter raten können, und den rechten doch verfehlen. Wenn wir nicht einen so unverwerflichen Zeugen vor uns hätten als *Homer* ist, wer würde sich einfallen lassen, eine Grazie an – den *Schlaf* zu verheiraten?

Doch, vielleicht stellen Sie sich den Gott *Schlaf* nicht so liebenswürdig vor, als ihn die Griechischen Dichter und Künstler zu bilden pflegten. – Und warum sollten wir ihn unter einem weniger lieblichen Bilde denken, den holden Schlaf, ihn, der, eben so wohl als die Grazien und Amor selbst, unter die Wohltäter des Menschengeschlechtes zu zählen ist?

> Ihn, dessen magischer Duft
> Ein süßes Vergessen der Sorgen
> Auf unsre Stirne träuft, und uns mit jedem Morgen
> In neues Dasein ruft;
> Ihn, dessen Gunst der Mann in Purpur gekleidet
> Dem Mann am Pfluge, dem Sklaven beneidet;
> Den holden Gott, der wenigstens bei Nacht
> Des Glückes Eigensinn vergütet,
> Und, wenn der Gram an goldnen Betten wacht,
> Und Harpax seinen Schatz mit hohlen Augen hütet,
> Auf Stroh den Ärmsten glücklich macht?

Welcher Unglückliche findet nicht in ihm das Ende seiner Schmerzen? Und wer ist so sehr den Göttern gleich, um durch seinen Verlust sich nicht für elend zu halten?

> Schlummert nicht, von Küssen müde,
> Mit gesenktem Augenlide
> Amor selbst an seinem Busen ein?
> Ja, es würden (glaubts Homeren!)
> Selbst die Götter in den Sphären
> Ohne ihn nicht selig sein.

Genug, *der Schlaf,* den Sie sich nun unter einem so angenehmen Bilde, als Sie immer wollen, denken mögen,

> Mit krausem, gelbem Haar,

Und schlaffen, jugendlichen Zügen,
Schön, wie der Liebesgott, wenn er von seinen Siegen
In Psychens Armen ruht, – wie *Lunens Schläfer* war,
Als er, in ihrem einsamen Vergnügen
Sie nicht zu stören, tief in süßen Träumen lag;
Schön, wie die schönste Nacht nach einem Sommertag!

    Er liebte *Pasitheen*,
Und Pasithea – zwar, sie wollte nichts gestehen,
Allein man wußte doch, sie war ihm heimlich gut,
Wie itzo noch manch artig Mädchen tut.
Man sagt, er habe, bloß sie länger anzusehen,
Sie oft bei hellem Tag auf Rosen eingewiegt,
Und von des Anblicks Reiz besiegt,
Indem er neben ihr gesessen,
Sich und sein Amt so sehr dabei vergessen,
Daß allgemeine *Agrypnie*[23]
Die Sterblichen befiel. Vergebens riefen sie
Dem süßen Schlaf. Die *Hippokraten*
Erschöpften fruchtlos Kunst und Müh;
Das Übel widerstand den stärksten Opiaten.
Es griff zuletzt sogar die Götter an,
Und Zevs, der sonst doch in den Schlummerstunden
Vor Junons Aug und Zunge Ruh gefunden,
Fand keinen Augenblick, den Schwan
Bei unsern *Leden* mehr zu machen,
Und spielte nun, aus bösem Mut, den Drachen.

Kurz, die ganze Natur kam aus ihrem Geleise, und ihren Untergang zu verhüten, mußte auf ein schleuniges Mittel gedacht werden, den Gott des Schlafs wieder einzuschläfern. Man fand kein zuverlässigeres, als ihn unverzüglich mit der schönen Pasithea zu *vermählen*. Die Hochzeit wurde in größter Stille vollzogen. Die Grazien führten die errötende Braut an den Eingang seiner Grotte; in wenigen Minuten schlossen sich die Augen des kleinen phlegmatischen Gottes, und die ganze Natur entschlief.

---

[23] Schlaflosigkeit.

Ein so schläfriger Gemahl würde, wir gestehen es, nicht viele sterbliche Schönen glücklich machen, und vielleicht der sprödesten Tugend am gefährlichsten sein. Nur die sanfteste unter den Grazien war dazu gemacht, einen Gemahl liebenswürdig zu finden, der, wenn ihre Küsse ihn weckten, kaum so lange wachte, um sie anzusehen, und vor Vergnügen – wieder einzuschlafen.

Gleichwohl sagt man, daß die Welt der Vermählung des Schlafs mit der jüngsten Grazie diese süßen *Träume* zu danken habe,

> Wobei der keusche Sinn
> Von *Vestas* Priesterin,
> Wenn sie zu früh erwacht,
> Sich viel Gedanken macht,
> Und doch aus Neubegierde –
> Wie alles enden würde?
> Der Wiederkunft der Nacht
> Bei Tage schon entgegen gähnt,
> Und sich nach ihrem Traume sehnt;
>
> Die Träume, deren Scherzen
> In einsamen Nächten die Schmerzen
> Der jungen Witwe betrügt,
> Und unter günstigen Schatten
> Den wieder gefundenen Gatten
> In ihren Armen wiegt;
>
> Kurz, Danae, im ganzen Träumereich
> Die angenehmsten Träume,
> Die, jungen Amorinen gleich,
> Dich unter Myrtenbäume,
> Und, wenn sie Zeugen spüren,
> In stille Grotten führen,
> Wo Amor lachend sich versteckt;
> Dann abends dich zum Baden
> In laue Brunnen laden,
> Wo, wenn der Freund der fliehenden Najaden,
> Ein Faun, die dunkeln Büsche schreckt,
> Dich *Ledas Schwan* mit seinen Flügeln deckt.

Über tredition

Eigenes Buch veröffentlichen

tredition wurde 2006 in Hamburg gegründet und hat seither mehrere tausend Buchtitel veröffentlicht. Autoren veröffentlichen in wenigen leichten Schritten gedruckte Bücher, e-Books und audioBooks. tredition hat das Ziel, die beste und fairste Veröffentlichungsmöglichkeit für Autoren zu bieten.

tredition wurde mit der Erkenntnis gegründet, dass nur etwa jedes 200. bei Verlagen eingereichte Manuskript veröffentlicht wird. Dabei hat jedes Buch seinen Markt, also seine Leser. tredition sorgt dafür, dass für jedes Buch die Leserschaft auch erreicht wird.

Im einzigartigen Literatur-Netzwerk von tredition bieten zahlreiche Literatur-Partner (das sind Lektoren, Übersetzer, Hörbuchsprecher und Illustratoren) ihre Dienstleistung an, um Manuskripte zu verbessern oder die Vielfalt zu erhöhen. Autoren vereinbaren direkt mit den Literatur-Partnern die Konditionen ihrer Zusammenarbeit und partizipieren gemeinsam am Erfolg des Buches.

Das gesamte Verlagsprogramm von tredition ist bei allen stationären Buchhandlungen und Online-Buchhändlern wie z. B. Amazon erhältlich. e-Books stehen bei den führenden Online-Portalen (z. B. iBookstore von Apple oder Kindle von Amazon) zum Verkauf.

Einfach leicht ein Buch veröffentlichen: **www.tredition.de**

Eigene Buchreihe oder eigenen Verlag gründen

Seit 2009 bietet tredition sein Verlagskonzept auch als sogenanntes "White-Label" an. Das bedeutet, dass andere Unternehmen, Institutionen und Personen risikofrei und unkompliziert selbst zum Herausgeber von Büchern und Buchreihen unter eigener Marke werden können. tredition übernimmt dabei das komplette Herstellungs- und Distributionsrisiko.

Zahlreiche Zeitschriften-, Zeitungs- und Buchverlage, Universitäten, Forschungseinrichtungen u.v.m. nutzen diese Dienstleistung von tredition, um unter eigener Marke ohne Risiko Bücher zu verlegen.

Alle Informationen im Internet: **www.tredition.de/fuer-verlage**

tredition wurde mit mehreren Innovationspreisen ausgezeichnet, u. a. mit dem Webfuture Award und dem Innovationspreis der Buch Digitale.

tredition ist Mitglied im Börsenverein des Deutschen Buchhandels.

Dieses Werk elektronisch lesen

Dieses Werk ist Teil der Gutenberg-DE Edition DVD. Diese enthält das komplette Archiv des Projekt Gutenberg-DE. Die DVD ist im Internet erhältlich auf **http://gutenbergshop.abc.de**

Tucholsky Wagner Zola Scott Sydow Freud Schlegel
Turgenev Wallace Fonatne Friedrich II. von Preußen
Twain Walther von der Vogelweide Fouqué
Weber Freiligrath Frey
Fechner Weiße Rose von Fallersleben Kant Ernst Frommel
Fichte Richthofen
Hölderlin
Engels Fielding Eichendorff Tacitus Dumas
Fehrs Faber Flaubert
Eliasberg Ebner Eschenbach
Feuerbach Maximilian I. von Habsburg Fock Zweig
Ewald Eliot Vergil
Goethe London
Elisabeth von Österreich
Mendelssohn Balzac Shakespeare Dostojewski Ganghofer
Lichtenberg Rathenau Doyle Gjellerup
Trackl Stevenson Hambruch
Mommsen Tolstoi Lenz Droste-Hülshoff
Thoma Hanrieder
Dach Verne von Arnim Hägele Hauff Humboldt
Reuter Rousseau Hagen Hauptmann Gautier
Karrillon Garschin Baudelaire
Damaschke Defoe Hebbel
Descartes Hegel Kussmaul Herder
Wolfram von Eschenbach Dickens Schopenhauer Rilke George
Bronner Darwin Melville Grimm Jerome
Campe Horváth Aristoteles Bebel Proust
Bismarck Vigny Barlach Voltaire Federer Herodot
Gengenbach Heine
Storm Casanova Tersteegen Gilm Grillparzer Georgy
Chamberlain Lessing Langbein Gryphius
Brentano Lafontaine
Strachwitz Claudius Schiller Kralik Iffland Sokrates
Bellamy Schilling
Katharina II. von Rußland Gerstäcker Raabe Gibbon Tschechow
Löns Hesse Hoffmann Gogol Wilde Vulpius
Luther Heym Hofmannsthal Gleim
Roth Klee Hölty Morgenstern Goedicke
Heyse Klopstock Kleist
Luxemburg Puschkin Homer Mörike
La Roche Horaz Musil
Machiavelli Kierkegaard Kraft Kraus
Navarra Aurel Musset Lamprecht Kind Kirchhoff Hugo Moltke
Nestroy Marie de France
Nietzsche Nansen Laotse Ipsen Liebknecht
Marx Ringelnatz
von Ossietzky Lassalle Gorki Klett Leibniz
May vom Stein Lawrence Irving
Petalozzi Knigge
Platon Pückler Michelangelo Kafka
Sachs Poe Kock
Liebermann Korolenko
de Sade Praetorius Mistral Zetkin

Der Verlag tredition aus Hamburg veröffentlicht in der Reihe **TREDITION CLASSICS** Werke aus mehr als zwei Jahrtausenden. Diese waren zu einem Großteil vergriffen oder nur noch antiquarisch erhältlich.

Symbolfigur für **TREDITION CLASSICS** ist Johannes Gutenberg (1400 — 1468), der Erfinder des Buchdrucks mit Metalllettern und der Druckerpresse.

Mit der Buchreihe **TREDITION CLASSICS** verfolgt tredition das Ziel, tausende Klassiker der Weltliteratur verschiedener Sprachen wieder als gedruckte Bücher aufzulegen – und das weltweit!

Die Buchreihe dient zur Bewahrung der Literatur und Förderung der Kultur. Sie trägt so dazu bei, dass viele tausend Werke nicht in Vergessenheit geraten.